日本のPL法を考える

市民と科学技術の目で見た製造物責任法

杉本泰治

地人書館

序

一九九五年(平成七年)七月にＰＬ法が施行されるまでの一時、日本全国がＰＬ法フィーバーといえるほどの騒ぎだった。ところが、施行されて一年たつと話題性が細り、二年目には全国紙でＰＬ法にふれた新聞はなかった。

そのようにして騒ぎは収まったのだが、いまこれを書いている一九九九年を振り返ると、ＰＬ法の現状についてぼつぼつ、不満を漏らす新聞記事が現れるようになった。ＰＬ法を忘れるわけにはいかない人たちが、ＰＬ法をめぐる現状は、どこかおかしい、と気づき始めている。

ＰＬ法は、わずか六カ条という形は小さいが、社会的には効果の大きな法律である。

そのＰＬ法をめぐる現状の、どこが、どのようにおかしいかとなると、それがはっきりしない。記者たちの不満は、なかなか被害者を勝たせないという裁判所に向けられ、あるいは、業界ごとに設けられたＰＬセンターにおける苦情処理の不公平に向けられる。しかし、裁判所と業界ＰＬセンターとを糾弾して、それで解決するかというと、ことはそれほど簡単ではない。

本書では、第1章で、ＰＬ法と行政庁のかかわりを、第2章で、製造物責任の法の全体像をどのようにとらえるかという法律観を、第3章で、ＰＬ法における科学技術との接触を、第4章で、Ｐ

L法に至る法律に対する法学の姿勢を、それぞれ取り上げた。つまり、行政庁、法律観、科学技術、法学という四つの切り口を用いて、PL法の現状を観察した。第5章では、さらに、グローバル化時代の中心的な課題について述べる。

PL法が施行されて四年余、われわれは日本の社会におけるPL法を観察する歴史的にも貴重な機会に恵まれた。日本では従来、法律を作りはするが、その法律が社会にどのように浸透し受け入れられたかについては、マスメディアなどで話題になったり、学者が個々の条文について細かい研究をすることはあっても、それ以上に広く深く追求されることは、ほとんどなかった。

PL法は、立法の意図が社会においてどのように実現しているかを、ある程度の知的レベルの市民ならだれでも観察できるような性質をそなえている。この法律の焦点は、製造物の「欠陥」による「損害」にある。製造物の「欠陥」といえば、だれでも一定のイメージを持っている。その市民的なイメージが、PL法の出発点だと思えば、難解な解釈に幻惑されて目標を見失うことはない。そして「損害」は、特別なものではなくて、大量生産、大量消費の製造物による損害は、いまの時代に生きるだれもが受ける可能性がある。だれもがわが身のこととして、製造物の「欠陥」による「損害」をイメージすることができるのである。本書は、そういう市民の目を観察の基礎とした。

観察の成果は、PL法六カ条の逐条解釈の範囲にとどまらない。

現代、市民が消費する製造物で、科学技術が関係しないものがあるだろうか。科学技術は、市民生活をまかなう大量生産を支え、人間生活を豊かにしている反面、危害をもたらすことがある。むしろ、製造物を通じて科学技術がもたらす危害のためにＰＬ法が生まれたといっても過言ではない。われわれの社会には、すでに、市民生活の安全にかかわる科学技術に対処する多くの法律がある。ＰＬ法の観察は、法律にそういう大きな領域があることを知らせる。

現代の製造物には、同じものが国際的に流通するという普遍性がある。それはとりもなおさず、製造物がもたらす危害の普遍性であり、製造物責任の法にはグローバルな共通性が必要とされる。わが国のＰＬ法と、アメリカや欧州のＰＬ法との関係はどうなっているのだろうか。

さらに、考えてみるとよい。被害者がいかに多額の損害賠償を得ても、失われた健康や生命は、戻らない。ＰＬ法それ自体は、生じた被害を損害賠償によって救済するものだが、他方において、製造物の欠陥による損害が生じないようにする危害抑止を課題とするモラルの領域への広がりをもつものである。

ＰＬ法をめぐる現状の観察は、われわれを六カ条のみの逐条解釈という狭い視野から解放し、人間生活にかかわる法律が本来そなえている社会的な視野へと導き、より広く、より深く考えるようにする。日本のＰＬ法をとりまく状況は、現代の人間生活にかかわる法律の在り方を考え直す手がかりを与えてくれているのではないだろうか。

一九九九年師走

著　者

目　次

第1章　ＰＬ訴訟が増えない理由を探る

ＰＬ法の施行は、新しい法律の普及を図る行政とジャーナリズムによる、大規模な社会的実験だった。その結果はどうだったか。ＰＬ法をめぐる現状を観察するのに一番手っ取り早いのは、施行前に期待されていたほど訴訟が増えない理由を探ってみることであろう。

あるお母さんの確信

子どもに手がかからなくなったので消費者保護の活動に加わるようになった、という人がいる。この人を「女性」とよぶのは、男性との対で論じるのでなければ、必ずしも適当でない。「主婦」というのも、主として家庭にいる人を連想させるから、ここではふさわしくないだろう。その人の消費者保護の視野には、自分の子どもがいる。その人の視点はお母さんのそれだと言ってよい。この項の表題の「お母さん」は、そういう意味である。

ＰＬは、product liability《プロダクト・ライアビリティ》の略語で、この英語の上の語が「製造物」、下が「責任」、合わせて「製造物責任」である。したがって、ＰＬ法といえば製造物責任法である（この用語に問題が隠れていることが、あとでわかる）。

ＰＬ法が一九九五年（平成七年）七月一日に施行されて一年ちょっとたった、九六年一一月のことである。この法律の施行前から、行政の啓蒙活動とジャーナリズムによって、ＰＬという語は、日本国中、知らない人はいないほど行き渡っていた。

東京の飯田橋に東京都消費者センターがある。私はそこで開かれた「課題研究講座『農薬』」に、一消費者として出席していた。（このセンターは、いまは東京都消費生活総合センターと改称されている。この種の機関は、消費生活センターともよばれている）。

われわれが食べる、あの新鮮そうな輸入レモンには、除草剤で知られた農薬2・４Ｄが使われていることがあるという。鮮度保持剤として、収穫後のレモンの表面に散布して使用するのである。普通の農薬は、生育している作物が対象だが、このように収穫後に用いられるのがポスト・ハーベスト農薬である（postは「後」、harvestは「収穫」である）。収穫後のレモンに散布されるから、普通の農薬に比べて、食用時に残留している可能性が大きい。レモンを水道水で洗って皮ごとかじると、もし2・４Ｄが落ちないで残っていれば、いっしょに食べることになる。皮をむいても、2・４Ｄが内部にしみこんでいるかもしれない。食べる状態のレモンの皮や中味に2・４Ｄがどれほど残留しているか心配である。

残留量はごく微量だが、高度で複雑な装置と手法を用いるいまの化学分析技術によれば、精密に測定できる。しかし、実用目的の測定には迅速性を必要とする。サンプルをとり、分析している間に、その一群のレモンが食べられてしまったというのでは、食品による危害を防止するための規制の意義が、なくなるとはいわないまでも半減する。

それが近年、酵素免疫法とよばれる方法の簡易テストが開発され、アメリカ製の持ち運びできる小さなキットを使用すると、六〇分以内の短時間で測定できる。東京都消費者センターで私が出席していたのは、その簡易テストの実験を指導する講座だったのである。受講者は、センターが開催している商品テスト関係講座を受講した人や、地域でコンシューマーエイドをしている人たち、わかりやすくいえば、二十四人のうち二十三人までが消費者問題に関心のある主婦などの女性、残る一人が私であった。それが四つのグループに分けられる。講座の先生であるセンター職員は、化学者で、勤勉かつ親切である。講座が始まるまでに、職員が、四つの実験台それぞれに、使用するキットなどの器具や薬品をそろえる。午前一〇時からの講座が午後三時すぎに終わると、職員がまた後片づけもする。実験にはなれない主婦たちのために最善の配慮が感じられる講座である。

女性たちは、少女のころのママゴト遊びのように、楽しげである。測定の合間に手待ちの時間があると、先生がつぎの操作の説明をする。それもとぎれると、なごやかな井戸端会議である。とても私などは入れないのだが、講座も終わりに近いころＰＬ法が話題になった。一人の女性が尋ねる。

「ＰＬ法は、被害者が、裁判所へ行かなくても、消費者センターのようなところで解決できるようにする法律ですよね」

私は驚いて、ほとんど反射的に答えた。
「いや、そうではなくて、訴訟での被害者の立証を容易にして、損害賠償を得やすくする法律ですよ」
ＰＬ法が製造物事故の被害者を消費者センターなどで救済できるようにする法律だとは、とんでもない誤解である。しかし、そう言い終わってすぐ、私には疑問が浮かんだ。聞いてみると、お茶の水女子大といった大学を出て、しばらく研究生活をして結婚し、子供に手がかからないようになったので消費者活動に参加しているという、やさしそうで知的な表情のお母さんである。その彼女が、なぜそのように確信しているのだろう。これは問題だ、と私は思った。

ＰＬ法は新しくできた法ではない

この東京都消費者センターでの出来事の少し前、ＰＬ法施行一年目の九六年七月一日の新聞は、「ＰＬ法1年、高まる意識」という見出しで、つぎのように書いている。(1)

製造物責任（ＰＬ）法が施行されてきょうで一年。当初言われていたような、同法に基づく訴訟はほとんど起きていないが、消費者の意識が高まって、各地の消費生活センターに寄せられる製品をめぐる苦情は急増した。施行以前の訴訟でも、メーカー側が消費者の主張を酌む形で和解するケースが目立っている。

この時点で、ＰＬ法にもとづく訴訟は、「事前の予想と違って、新潟地裁長岡支部で一件提訴されているのみ」である。この事件は、飲食業の人が、飲料の紙容器で指を負傷したのは容器の構造上の欠陥によるものとして、紙容器を製造したメーカーなどを相手に、九五年(平成七年)一二月二六日、損害賠償を請求する訴えを提起したものだ。

ＰＬ法施行前のＰＬ訴訟は、どうだったか。

こう言うと、不審に思うだろう。ＰＬ法ができる前にＰＬ訴訟があるはずはない、と考えられるからである。実は、ここにＰＬ法を正しく理解するための重要なカギがある。日本には、現在の民法がいまから百年前の一八九八年(明治三一年)に施行され、その七〇九条以下に、不法行為法とよばれる規定がある。新たにできたのは「製造物責任法」という名のＰＬ法であり、それ以前は、不法行為法がＰＬを扱う法律であり、広い意味でのＰＬ法であった。

不法行為法のもとでのＰＬ訴訟で判決にまで至ったものは、ＰＬ法研究の林田学によれば、第二次大戦後の五〇年間に、一五〇件程度に過ぎない。通常の民事訴訟で一〇〇件のうち判決にまで至るのは四四件で、三割強が和解で終わっているから、途中で和解したケースが同数くらい存在すると仮定しても、ＰＬ訴訟は三〇〇件程度と推計され、「この程度の件数とは驚異的な少なさだ」。[2]

この林田の見方は、ＰＬ法施行の前と後を一続きのものとしてとらえ、不法行為法のもとでＰＬ訴訟が存在したことを認めている。近年、多くのＰＬ法解説が書かれたが、そのほとんどはＰＬ法全六カ条の逐条解説を主旨とするもので、不法行為法との関係をよく説明していないから、読者にＰＬ法が新しくできた法律であるかのような印象を与えるだけでなく、著者自身がそう信じている例もなくはないようである。ＰＬ法を、明治期の立法に発する百年の流れのなかでとらえるか、現代の日本に新規に現れた法律としてとらえるか、の違いである。

不法行為法とＰＬ法を一連のものとみるのは、アメリカ法でははっきりしていて、ＰＬ法は不法行為法の一部として位置づけられている。アメリカで書かれた日本法の論評で、不法行為法のもとでの製造物欠陥事件の判例を、日本のＰＬ判例としている例があるのは、その見方である。

法律が現れる機構を、考えてみよう。

たとえば「インターネット法」という法律が作られることは、インターネットという通信手段が発明される以前には、ありえない。あらゆる場合を想定しても、コンピュータが出現する以前に、インターネット法が作られるはずはない。こうした新規の科学技術的方法についての法律では、ある時に忽然と新しい法律が成立することがありえよう。

他方、「製造物」といえるものが日本に現れたのは、おそらく、この列島で古代人が自分の手でものを加工するようになって以来のことであろう。いつの時代の製造物にも欠陥はありうる。そして、その欠陥によって、製造物の消費者が損害を受けることがありうる。

ずっと下って明治時代に、西洋法を模して不法行為法が作られた。立法者が意図したわけではないが、そのうちに、製造物の欠陥による損害の救済に不法行為法が適用され、不法行為法のもとでのＰＬ訴訟が、日本でも行なわれるようになった。

さらに下って、大量生産、大量消費の時代の到来とともに、同種の欠陥をもつ製造物による同じタイプの事故が起きて被害が拡大する。一方、工場生産の工程がいっそう複雑になり、消費する商品（＝製造物）がどのようにしてつくられるのか、さらには、商品の中味さえもが、消費者にはわからなくなる。それは不法行為法のもとで被害者が救済を求めるには不利な状況であり、社会的に放置できなくなる。（そのことは、この後すぐに述べる）。こうして最初はアメリカでそういう状況に適したＰＬ法が生まれ、ヨーロッパへ、日本へと広がった。

日本では九五年七月一日、その趣旨の「製造物責任法」という名のＰＬ法が施行され、不法行為法は存在しつづけながら、製造物の欠陥による事故には、ＰＬ法が適用されるようになった。

実際には、不法行為法のもとで製造物欠陥事故を裁いていた同じ裁判所、同じ裁判官が、同じ事故をＰＬ法で裁くのである。不法行為法の延長上で、裁判官の判断に、不法行為法からＰＬ法への改良点が反映されるだけで、それ以上の変化が起きるはずはない。

そういうことだから、不法行為法のもとで蓄積された判例は、ＰＬ法のもとでの製造物責任について考えるための重要なデータであり、ＰＬ法のもとで判決がどのように変わるかという比較の観点が大切である。多数出版されたＰＬ法限定の逐条解説アンチョコ本では、そういうことがわからない。まず法がどのように改良されたかを見よう。

不法行為法からＰＬ法へ

他人に損害を与えた者は、社会による制裁を受ける。古来からそれが人間社会の法の基本原理である。制裁は、刑事法では刑罰、民事法では被害者への損害賠償である。

不法行為法の中心は、その一群の規定の冒頭にある民法七〇九条である(表1.1)。ここに示したのがその条文の全文だが、片カナと漢字で書かれた句読点のない文語体の原文を、ＰＬ法と同じ現代表記に直してある。「故意または過失」とあるが、「故意」であろうと「過失」であろうと、生じた損害に違いはなく、損害に対してなされる賠償の内容に違いはないから、通常、区別しないで、「過失によって、他人の権利を侵害した者は、これによって生じた損害を賠償する責めに任ずる」と読み替えられている。

「過失」とは、なすべき注意を怠ること、あるいは、予見可能であるのに不注意で予見しないこと、あるいは、回避可能であるのに不注意で回避しないこと、と理解すればよい。

表 1.1　不法行為法(民法 709 条)

故意または過失によって 他人の権利を侵害した者は、 これによって生じた損害を賠償する責めに任ずる

表 1.2　製造物責任法（第３条）

製造業者等は、 …*…製造物であって、その引き渡したものの欠陥により 他人の生命、身体または財産を侵害したときは、 これによって生じた損害を賠償する責めに任ずる

＊「その製造、加工、輸入又は前条第３項第２号若しくは第３号の氏名等の表示をした」

それから百年後のＰＬ法は、第三条が中心的な規定である。不法行為の民法七〇九条と比較しやすいように示したが(表1.2)、「他人の生命、身体または財産を侵害した」というのは、不法行為法の「他人の権利を侵害した」のと同じとみてよい。

こうして二つの法律を比べると、不法行為法の「過失」を、ＰＬ法は「製造物の欠陥」で置き換えた形であることがわかる。不法行為法からＰＬ法への改良の眼目は、そこにある。それが改良といえるのは、つぎの理由による。

損害賠償を請求する訴訟の様子は次頁で述べるが、被害者が立証しなければならない事実は、不法行為法の場合、第一点は、受けた損害、第二点は、その損害が生じるについて加害者に過失があったこと、第三点は、その過失が原因となって損害が生じたこと（＝因果関係）、である。これをＰＬ法と比べると（表1.3）、二つの法律の同じところと違うところとがはっきりする。立証の論理構造は同じで、第一点と第三点は共通、第二点が、不法行為法では「過失」、ＰＬ法では「製造物の欠陥」という違いである。

表1.3　被害者の立証責任

不法行為法
第１　損害（被害者が受けた損害）
第２　過失（加害者に過失があったこと）
第３　因果関係（損害はその過失が原因であること）

製造物責任法
第１　損害（被害者が受けた損害）
第２　製造物の欠陥（製造物に欠陥があったこと）
第３　因果関係（損害はその欠陥が原因であること）

ＰＬ法が制定された主たる目的は、これによって、被害者がしなければならない立証を容易にするところにある。

製造物に欠陥があって事故が起き損害が生じた場合、不法行為法では、その欠陥をもたらした過失を立証しなければならない。たとえば、製造工程の、どの箇所で、どのような過失があって生じたかを、証明といえるほどに具体的に示さなければならない。ところが、製造工程での出来事は、製造業者の内部のことだから、外部からはわからない。

被害者が立証しようにも、通常は困難なのである。

もともと事故は、製造物に接することによって起きる。そうであれば、その製造物を手にとって観察したり検査したりすれば、欠陥がわかる。それを証明すれば足りるから、立証が容易になり、被害者の救済が容易になる、というのがPL法の利点である。（これが原則的な利点であって、この問題にはなお奥行きがある。後出一二五頁参照）。

被害者の請求を認めるべきかどうか、裁判では裁判官が判断する。そのときの裁判官の心理プロセスを追ってみよう。(3)

被害者が裁判所へ訴え出て、××万円の損害を受けたからこれを賠償せよと、加害者に請求する。すなわち当事者は、被害者である原告と、加害者である被告である。

原告が、損害などの事実を主張し、被告がそれに反論する。双方がそれぞれ証拠を提出して、自分に有利なほうへ裁判官の判断が傾くように、そして裁判官が確信をいだいてよい状態に達するようにする。こうして証拠を提出する当事者の努力を、立証（証明または挙証ともいう）という。双方の立証によって、裁判官の判断はどちらかに傾き、ついにその判断に確信をもつ状態になる。裁判官の心理のうちに、いわゆる心証が形成されるのである。この心証の形成を、もっぱら裁判官の自由な選択にまかせるたてまえを、自由心証主義という。自由心証主義の対を法廷証拠主義といい、証拠の種類や裁判官の判断の仕方を法律にこまごまと規定して裁判官を拘束する。現代の裁判は、民事も刑事も、自由心証主義によっている。

裁判に引き分けはなく、勝つか、負けるか、のどちらかである。裁判は社会的正義の実現を目指すものには相違ないが、そのための実際の手続として、双方それぞれの立証がある。立証が不十分なら、正義が実現しないかもしれないのである。当事者の努力や裁判官の能力にも限度があるから、ある事実があるともないとも心証が形成されないまま審理が止まることもありうる。しかし、裁判を放置するわけにはいかないので、その事実がなかった場合と同じに扱われることになり、立証できなかった側が敗訴の不利益を負うことになる。その不利益を覚悟しながら立証する責任を負うのだが、それを立証責任（証明責任または挙証責任ともいう）という。

以上は、立証、心証、自由心証主義、立証責任という一連の用語の説明である。

紛争解決の担い手

日本では、なぜ不法行為法のもとでのＰＬ訴訟が少なかったのだろうか。

ＰＬ法が立法された目的は、すでに述べたように、立証事項を「過失」から「製造物の欠陥」へ転換することによって被害者の救済を容易にすることにあった。救済が容易になれば、訴訟が増える、はずである。ところが前述のとおり、ＰＬ法になっても訴訟はやはり少ない。そうすると、不法行為法のもとで訴訟が少なかったのは、「過失」の立証が困難という理由があったにせよ、それは小さな要因で、もっと大きな理由があったとみなければならない。

前記林田が引用する通産省が行なったアンケート結果によると、不法行為法の時代に、ＰＬ訴訟を嫌う理由としてあげられたのは、①時間がかかりすぎる（約四〇％）、②原告（消費者側）の立証責任が重い（約二〇％）、③費用がかかりすぎる（約一五％）、④手続が複雑でめんどうだ（約一五％）――となっている。

このうち「原告（消費者側）の立証責任が重い（約二〇％）」という要因を除去するのが、ＰＬ法の目的だから、ＰＬ法ができて、約二〇％分の訴訟が増えていいのだが、そうはならなかった。

ところで、このアンケートに見えているのは、製造物の欠陥による被害が実在するのに、訴訟を嫌い、実際に訴訟を起こさない、という消費者像である。このような場合の表現として、「泣き寝入り」の語が使われることがある。ＰＬ法が制定される前年という時期の新聞は、「多かった『泣き寝入り』」との表題のもとに、つぎのように書いている。

> いままでの消費者被害の大半は、消費者がメーカーに直接交渉する方法で処理されてきた。「消費者相談室」といった窓口を設ける企業も増えた。しかし、この方法では、たとえメーカー側が責任を認めても、損害賠償に一定の基準がないうえ、事故情報が企業内で隠されてしまう。さらに、メーカーが中小企業だと、被害者が「泣き寝入り」するケースがほとんどとみられている。[4]

さらに施行直前の新聞のＰＬ法解説は、つぎのようにいう。

> 商品事故の被害にあっても、消費者があきらめたり、泣き寝入りするケースも少なくなかったと言われるだけに、ＰＬ法の果たす役割は大きい。[5]

ＰＬ法に関心のある人は、一度は消費生活センター（または消費者センター）へ行ってみるとよい。それは日本のＰＬ問題に深くかかわっているのである。

日本全国では、五十九の都道府県・政令指定都市が、三五一カ所に消費生活センターを置いている。経済企画庁のまとめによると、ＰＬ法施行の九五年七月から年末までの半年間に、これらのセンターに寄せられた製品事故の相談は一、五九四件で、前年同期の二倍以上に増えた。このうちＰＬ法に関連があるのは、生命、身体または財産に被害を受けたいわゆる「拡大損害」で、これが一、〇一四件にのぼり、同じく二倍以上であった。(6)

この期間のＰＬ訴訟は、前述のとおり一件に過ぎない。

ここに「拡大損害」という語がある。買った商品が、欠陥があって役に立たないとか性能が劣るというのは、製品のみにとどまる損害、つまり、製品から外へ拡大しない損害である。そういう損害は、買ったお店で良品と交換してもらったり、売買契約上の損害賠償を求める方法があるから、ＰＬ法で救済するまでもない。ＰＬ法は、製造物の欠陥によって生じた被害、すなわち製品から外へ拡大した損害を対象にしている。

こうして全国の消費生活センターに、ＰＬ法が施行されてから半年間に、「拡大損害」一、〇一四件の相談が寄せられ、それは前年同期の二倍以上であったというのだから、施行前にも半年に五〇〇件（年間に一、〇〇〇件）ぐらいの同種の苦情が、消費生活センターで表面化していたのだ。消費生活センターという公的機関へ申し出て取り上げられたのだから、「泣き寝入り」とはいえないだろう。

日本の消費者は、製造物の欠陥によって被害を受けながら「泣き寝入り」するほど、おとなしくないし、愚かでもない。ただ、紛争解決の担い手の中心が、裁判所という公的機関よりも、消費生活センターという公的機関のほうにあり、その事情はPL法施行の前と後でほとんど変わりがないのである。

「泣き寝入り」というのは、わかりやすいキャッチフレーズである。しかし、そのわかりやすさによって隠蔽《いんぺい》される真実がある。PL法といえば訴訟の増加、消費者といえば泣くしかない弱者、といった単純な図式でものを見る習性が身につくと、多面的な物ごとを目前にしながら、図式に都合のよい一面しか目に入らなくなる。そのような習性の持ち主は、ここでは新聞などマスメディアの記者たちだが、さらにこの国の法学の領域に広がる。この本でこれから観察するように、日本のPL法をめぐる状況が、それによってどれほどゆがめられていることだろう。

そのことはさておき、PL法施行で仕事が増えるという期待が、弁護士たちの間には多少なりとあったようである。しかし、訴訟が増えないで、消費生活センターへ持ち込まれる苦情が増えたのでは、弁護士の仕事にならない。

ここで注目されるのは、裁判所での訴訟と、消費生活センターでの相談という、性格の異なる二種類の手続きが、苦情処理をめぐって対立していることである。この問題の根は、これから考察するように、意外な方向へ深く伸びている。

行政庁の解決策

ＰＬ法制定から施行までの一年の間に、政府は、政府機関、地方自治体、産業界などを指導して、苦情相談の窓口と検査機関とを整備した。窓口で苦情の相談に乗り、製品の欠陥などのテストが必要なら検査機関へ回す仕組みである。

政府機関のおもな窓口としては、国民生活センターがある。これは首都圏の住民を中心に利用されている。

地方自治体では、東京都の場合、東京都消費者センターと、区市町村の消費者センター（商工係などが担当するところもある）とがある。これらと並行して都道府県と広島などを除く政令指定都市には、トラブル解決の窓口として苦情処理委員会が置かれている。

業界では、業界団体のおもなところが、ＰＬ法施行を機に、ＰＬセンターを新設した。

以上にあげた機関は、裁判所ではないのに、被害者の苦情を取り上げ、紛争を解決する場となるもので、裁判の代わりになるという意味でＡＤＲ（alternative dispute resolution 代替的紛争解決）とよばれる。

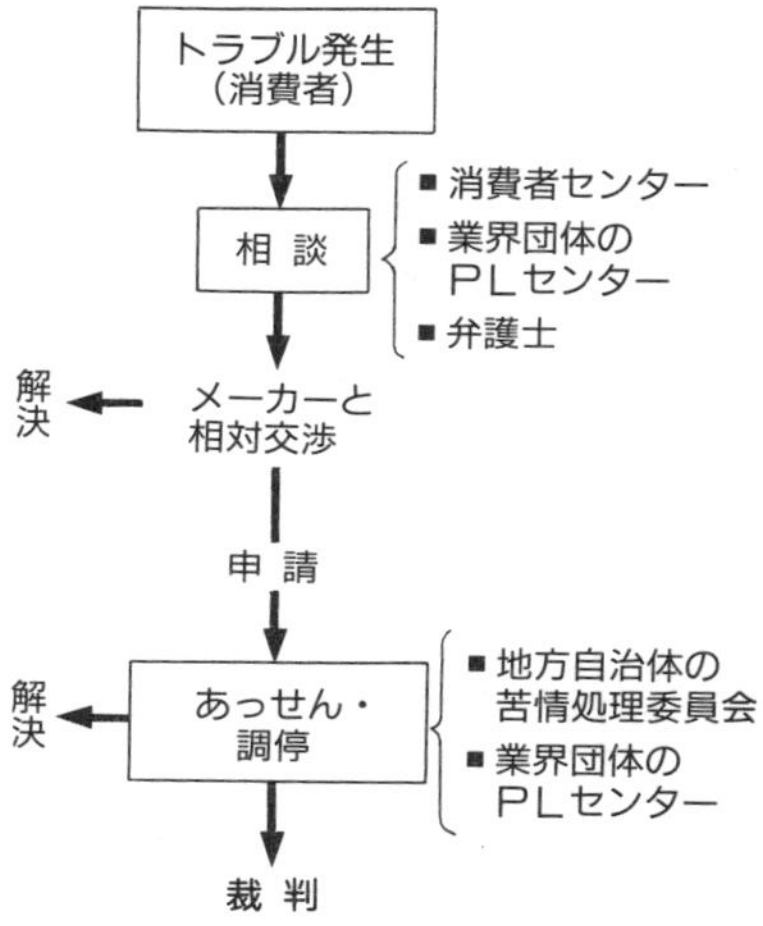

図 1.1　ＰＬ法による主な苦情処理手続
（朝日新聞，1995 年 7 月 1 日 13 面）

このように政府によって構想された苦情処理手続を、朝日新聞は、図1.1のように表現している。弁護士の役割はむしろ従的であり、ADRのルートに引っかからなかったものだけが裁判所へ行く仕組みである。PL法施行後の一年間に、それは一件のみだったというわけである。

これらの機関のPL法施行後一年間の処理件数は、消費生活センターでは、前述のとおりである。苦情処理委員会では、持ち込まれたケースはなく、開店休業であった(7)。業界団体のPLセンターの例として、自動車製造物責任相談センターに持ち込まれた苦情は一、六六五件、家電製品PLセンターは一、七九六件であった。通産省が、自動車、家電など六センターの苦情相談の解決方法を調べたところ、PL法施行の七月から翌三月までの九カ月に、センター員の説明などで消費者が納得してトラブルにならなかったケースが五、四二一件(九一・一%)、センターが取り次いで、センターが加わらずにメーカーと消費者の相対交渉で合意したのが四七八件(八%)、センターが話し合いに加わっての斡旋による合意が二件であった。(8)

こうしてみると、消費生活センターおよび業界団体PLセンターが果たしている役割の大きさがわかる。

PL法は、民法系列の法律がそうであるように、民事訴訟法に定められた手続によって裁判所で解決することを前提にしている。もちろん当事者間の和解など裁判外での解決があるが、それらの場合もそれで片づかなければ訴訟になるとの圧力が解決を促進する。基本がそうであるところへ、行政庁の裁量によって、裁判所という司法機関を介さない紛争処理の体制が積極的に作られた。ＰＬ訴訟が増えないのは、いわば当然の成り行きなのである。

立法・司法・行政の三権分立では、政府（＝内閣）が行政をになうのだが、実際の行政活動は総理府、通産省、厚生省などの省庁やその下の機関、いわゆる行政庁が行なう。

行政庁の活動には、法律による授権、つまり法律に規定された権限を必要とし、その授権の範囲内での裁量によって、助言、勧告、指導などの名でよばれる行政指導をする。(9)

規制法令といわれる法律には、所管の行政庁が定められている。たとえば食品などの製造業の関係では、食品衛生法がある。この法律は、「飲食に起因する衛生上の危害の発生を防止し、公衆衛生の向上および増進に寄与することを目的」としていて、「厚生大臣は、……につき基準を定め、……につき規格を定めることができる」、という表現の規定がいくつか置かれている(同法七条一項など)。それが厚生大臣への授権である。厚生大臣とその指揮監督下にある行政庁は、この授権の範囲内で、法の目的を実現するための規制をする。それが「規制法令」とよばれるゆえんである。(「法令」とは、一般に、国が国会の議をへて制定する「法律」と、行政機関が制定する政令・省令などの「命令」とを合わせてそのようにいい、地方公共団体が制定する「条例」などを含めることもある)。

ＰＬ法には、所管の行政庁を定める規定がない。なぜなら、民法系列の法律は、規制法令ではなくて、当事者の利害が対立する場合に、裁判所が間に入って公平な調整をするときの規範となる、利害調整の法だからである。したがって本来、ＰＬ法の運用に、行政庁が自主的にかかわる余地はないはずなのだ。

ＰＬ法がそういう性格の法律だとすると、行政庁の裁量によってＰＬ法との関係で前述の紛争処理体制がつくられたのは、行政庁の越権だったのだろうか。ところが、そうではなくて、つぎに述べるような間接的な法的根拠がある。

消費者保護基本法が制定・施行されたのは、ＰＬ法より早く、一九六八年(昭和四三年)五月のことである。この法律は、事業者（販売業者、製造業者など）と消費者との間の取引について生じた苦情について、市町村はその処理の斡旋《あっせん》につとめること(一五条二項)、国および都道府県は適切かつ迅速に処理されるようにする施策をとること(同条三項)、いずれもそのための組織を整備すべきこと(一六条)を定めている。市町村や、国および都道府県への、そのような授権である。

東京都では、翌六九年四月に、東京都消費者センターが設置された。国では、七〇年一〇月、経済企画庁の翼下に、国民生活センター法による特殊法人、国民生活センターが設立された。(これは国の機関だが、東京都港区の本部で扱う相談は、利用者が東京近辺に限られている)。

東京都の消費者センター（現在の東京都消費生活総合センター）についてみると、東京都における消費生活をめぐるさまざまな問題を解決するための拠点として、消費生活情報の提供、消費生活相談、消費者教育、商品テスト、自主活動支援などの事業を行なっている。この章の初めの「課題研究講座『農薬』」は、消費者教育の一例である。

消費生活相談は、事業者（販売業者、製造業者など）と消費者との間の取引について生じた苦情を対象にしている。このセンターで扱われた九八年度(平成九年度)の苦情相談は、三〇、五四八件であった（東京都ではこのほかに区市町村の扱いが五六、五一一件あった）。取引先別でみると、店舗購入（消費者が商品を店舗で購入）一二、九七八件、訪問販売、通信販売、電話勧誘販売、マルチ（まがい）商法など無店舗販売が一三、一四六件、不明など四、四二四件であった。(10)

同じ年度の製品の「拡大損害」は、一六八件であった(11)。つまり、苦情相談三〇、五四八件のなかに、ＰＬ法に対応する可能性のある内容のもの一六八件が含まれていたのである。

ところで、ここにいう「苦情相談」とは、どのような性格のものだろうか。

東京都にある消費生活センターは、九八年度に、都が三〇、五四八件、区市町村が五六、五一一件、あわせて八七、〇五九件の「苦情相談」を受付け、処理したのである。

この数字には、店舗購入と無店舗販売のさまざまな取引が含まれるのだが、取引されるのが何であろうと、苦情には、つねに利害の対立がともなう。多少なりと利害の対立のない苦情は、ありえないのである。苦情は、公平に解決されなければならない。苦情とはいえ、消費者の言い分がすべて正しいとは限らない。一方の極には、明らかに事業者に責任があると認定されるべき場合があり、他方の極には、明らかに消費者の言い分に無理があると認定されるべき場合がある(図1.2)。申し出られた苦情が、両極端のどちらか、はっきり決められるものなら、ことは簡単だが、苦情には、両極の間の灰色域のも

明らかに事業者に責任がある
（灰色域）
明らかに消費者の言い分に無理がある

図 1.2　責任の所在

のがある。あいまいな灰色域にあるケースについては、公平な利害の調整をする必要があり、古来そのために職業的な裁判官が置かれているのである。消費生活センターへ苦情を申し立てる消費者が都民なら、相手方の事業者の多くも都民である。その両者間の対立について、両者の言い分を調整して決着をつける権限や、公平な認定をするのに十分な能力が、消費生活センターにあるのだろうか。実際には、権限に疑問があり、また能力が十分でないので、消費者センターで受付けられた苦情のある部分が、業界団体のPLセンターやメーカーのPL相談室へ回される。そうすると、業界団体やメーカーの掌中で消費者に公平な解決が期待できるのだろうかという懸念が生じてくる。

サービス業の姿勢——第一の課題

ADR（代替的紛争解決）には、弁護士にも対策がある。

東京には三つの弁護士会があって、そのうちの一つ、第二東京弁護士会はいち早く九〇年(平成二年)三月に、「仲裁センター」を設置している。民事紛争一般、とくに少額事件を中心に簡易迅速な解決をはかるもので、PL法施行の時点までの実績は、損害賠償（けんか、交通事故、近隣紛争など）、不動産（建物明渡し、賃料増額など）、雇用（解雇、退職をめぐるトラブル）の事件が多く、消費者紛争は、エステティック・サービス契約のトラブルなど数件のみであった(12)。PL法施行によって製造物責任の事件が増えると期待され、他の弁護士会でも、これにならってADR機関が置かれるようになった。

しかし、PL法施行後の状況は、弁護士によるこれらの民営のADRよりも、行政機関であって官営のADRである消費生活センターのほうが圧倒的に優勢である。

民間のお店と、行政機関とでは、消費者にとってどちらが親しみやすいか。私は東京の郊外の田無市に住んで、そこの都市銀行に口座がある。他方、ときに郵便や代金振込のために郵便局へ行く。都市銀行は民間であり、郵便局は行政機関であって、両方ともおカネを扱う。いまでは、両方とも同じくらいに、窓口は親しみやすい。どちらが早く親しみやすい姿勢になったかというと、私の経験では、郵便局である。十年ばかり前のあるころから、それまでは小包にヒモがかかっていないとか荷札がついていないとかいって突っ返していた郵便局の窓口が、目に見えて親切になり、それから幾年かのうちに都市銀行もその程度にはなった。

これは私の経験に過ぎないが、市民や消費者との接触を円滑にするというようなことでは、民間に可能なことは行政機関にも可能であり、行政機関に可能なことは民間にも可能でありうる。ユーザー・フレンドリーという語は、コンピュータ領域でよく使われていて、この場合にも適した語であろう。ユーザーが親しみやすい、使いやすいといった意味で、日本語にはなりにくいのでカナ書き語が普及した。

ここで、がらりと観点を変えて、空想をこころみよう。

東京都の消費生活センターの年間八七、〇五九件の苦情を、弁護士が直接に受け付けるようにしたら、どうなるだろうか。東京の三つの弁護士会に約一万人の弁護士がいるから、一人当たり年間八件である。弁護士が裁判外で公平に処理し、必要であれば裁判にする。その仕分けを弁護士がやれば、PL訴訟が増えるであろう。これによって、消費生活センターを運営する年間費用××億円が、かりに△△億円減少すればそれだけの節約である。官営から民営へ移ることによって、税金の負担が年間△△億円少なくなるのである。

この空想に実現性があるかどうかは、飯田橋にある東京都消費生活総合センターを訪ねてみれば、すぐにわかる。センター職員の、まじめで、誠実で、消費者に向かって一歩ふみこんだ親切な応対が、日本の弁護士によってそのまま再現されるとは、到底信じられないのである。

アメリカでは、どうだろうか。

「弁護士の中には自ら事故現場へ駆けつける人もいる。救急車を追いかければ事故に出会えるので、彼らのことをアンビュランス・チェイサー（救急車追いかけ人）とする向きもある」。(13) 日本人はアメリカの弁護士をそのように揶揄《やゆ》する習性が身についているのだが、考えてみると、これは「小さな政府」主義のアメリカと、「大きな政府」主義の日本とを比べた違いの一面でもある。消費者の苦情処理の業務をめぐって、PL法施行の好機に、ひ弱な弁護士は市場獲得に敗れ、どう猛な行政は「大きな政府」をより大きくするのに成功した、というのは言い過ぎだが、お高く止まっている弁護士と、ユーザー・フレンドリーな消費生活センター職員の違いが寄与していることは疑いない。

アメリカでは訴訟が多いといわれる。普通のアメリカ人は普通の日本人と同じように個人間の紛争や訴訟を嫌う。にもかかわらず、アメリカでは訴訟が多く、日本では訴訟が少ない、と日本の法学者は評する。アメリカは法に頼る社会であるだけに、訴訟以外の紛争解決手段が乏しく、この点の先進国ということで、日本における紛争解決方法についての関心も高い、ともいう。(14) さらに、つぎのように観測されている。

アメリカ社会では、これからもますます法が頼られ、弁護士がふえ、訴訟がふえる。この傾向は弱まりそうにない。法に頼り、法専門家を関与させ、法手続を踏み、裁判による紛争の決着を求めることは、個人的にも社会的にも大変な費用を必要とする。その費用を誰がどのような形で負担するのか。その負担にどこまで耐えて法に頼る社会を維持できるのか。これもアメリカ社会が抱える大きな課題である。

日本はアメリカとは対極にあるコンセンサス社会である。すくなくともアメリカ人の立場からはそうみえる。(中略) この説の当否はともかく、さまざまな日本の組織における合意形成のプロセスが外からみて非常にわかりにくいことは確かである。(14)

以上は、いつのころからか、日本の法学者の間で定説のようになっている日米比較である。これをいまの時点で見直してみると、つぎのようにいえよう。

訴訟以外の紛争解決手段では、アメリカよりも日本が先進国だという。はたして、そうだろうか。前述したように、ＰＬ法施行を契機にＡＤＲが推進され、その結果、苦情の多くを吸収したのは、官営の消費生活センターであり、業界団体のＰＬセンターは別にして、他のＡＤＲが有効に機能したという話は聞かない。商品の欠陥による事故という、市民にとって最も身近な事件について、そうなのである。日本で、町内や近隣の人間関係が紛争の解決に寄与することはあるだろうが、製品欠陥による事故は、もっと深刻な事態に至る性格のものである。

日本人は訴訟嫌いだという。日本で、裁判所への訴えは少ないとはいえ、東京都の消費生活センターには年間八七、〇五九件という、少なくない数の苦情が申し立てられている。裁判所は官営の機関、消費生活センターも官営の機関であり、両方とも税金でまかなわれている。苦情を申し立てる消費者は何を求めているかという観点からは、裁判所への訴えと、他の官営機関への申立が、根本的に違うものとはいえない。日本人が訴訟嫌いだというのは、裁判所への訴えだけをとらえた狭い視野の観念論にすぎない。日本の消費者は、権利を侵害されて泣き寝入りするほど愚かではなく、むしろ賢明だから、アメリカ人がアメリカで歩きやすい道を選ぶように、日本人もまた日本で歩きやすい道を通ろうとするのである。

この種の裁判は、まず弁護士が動いて、事件を裁判に持ち込まなければ、裁判が始まらない(15)。この原理は、日米共通である。そうすると、アメリカと日本の違いは、弁護士の動きの違いになる。

アメリカの弁護士が、かりに「アンビュランス・チェイサー(救急車追いかけ人)」だとしても、われわれの周囲を見るとよい。大学を出てメーカーや商社の営業部に勤務する人たちは、顧客獲得に同じようなレベルの苦労をするのである。若い人が生計を立てるに至るまでの苦労の点で、法学部を出た法律家が、経済学部を出た営業マンよりも特権的に優遇される理由があるだろうか。

科学技術との関係――第二の課題

日本では訴訟制度や裁判所が阻害要因のようにいわれるが、その前に、法学および弁護士の要因がある。前項ではそのうち弁護士をめぐる一番目の課題として、消費生活センターと比較して紛争解決サービスのユーザー・フレンドリー性を取り上げた。この関係で、もう一つの課題がある。

ＰＬ法は、製造物の欠陥によって生じた被害を対象にしている。現代の製造物は、ほとんどすべて、科学技術を利用している。われわれの身の回りの食品、衣料、器具などをみても、科学技術を利用していないものがあるだろうか。科学技術は、欠陥のない製造物を製造する技術を開発し、そのための品質管理技術を発展させてきた。製造物の欠陥は、ＰＬ法という法律のテーマであると同時に、科学技術のテーマでもある。

ＰＬには、法の側面と、科学技術の側面とがあって、ＰＬ紛争には、法律の専門職である法律家と、科学技術の専門職である技術者とがかかわることになるはずである。前項で法律の専門職である弁護士について述べたので、科学技術の専門職である技術者に目を向けてみよう。これはＰＬ法をめぐる重要な事項でありながら、従来ほとんど取り上げられなかったことである。

ＰＬ法施行に当たり、ＡＤＲの充実と並んで強調されたのは、製品事故の原因を調べる原因究明機関や、検査機関の充実であった。原因究明機関とか検査機関といえば、だれしも化学、物理などの実験室といった科学技術を連想するであろう。製品の「欠陥」は、そういう科学技術の手段によって明らかにされ、立証されるはずのものだからである。

その施策として、経済企画庁では、

ＰＬ法では、被害者がメーカーとの相対交渉や訴訟などで損害賠償を求める場合、製品に欠陥があったかどうかがカギになる。ＰＬ法の先進国である欧米では、製品の欠陥の立証にあたって民間機関を利用するのが一般的。経企庁でも、個別紛争の原因究明については民間機関の利用を想定している。（中略）

しかし、まだ民間の検査体制が十分に整備されている状況ではなく、近所にないなどで対応できない場合は、政府や都道府県の試験研究機関、消費生活センターや国民生活センターなど公的機関も検査を実費程度で受託できるようにする。[16]

ＰＬ法にかかわったもう一方の行政庁、通産省はこうである。

七月の製造物責任(ＰＬ)法施行を控え、通産省は六月一日から、製品の事故の原因を検査する検査機関のネットワークをスタートさせる。検査機関に関する情報を集め、事故原因を確かめたい消費者などの問い合わせに応じて、検査機関のあっせんなどをし、紛争の解決に役立てる狙い。

原因究明機関ネットワークと呼び、通商産業検査所を中心に、今のところ県の工業試験所や大学、民間業界団体の検査協会など、計八十三機関が参加を決めている。検査できるのは繊維、電気器具など七分野。[17]

以上、経済企画庁と通産省の施策は、全国の消費生活センターで苦情相談を受け付け、原因究明・

検査が必要な場合には、ここに名が出ている機関を利用できるようにする、という構想である。一方の消費生活センターや国民生活センターは、消費者保護を目的とする機関であり、他方、通商産業検査所や、都道府県の試験研究機関（自治体の工業試験所など）は、おおむね産業にかかわる。この二種類の機関の関係は、

　消費生活センターでは昨年度（PL法施行の前年）あたりから、原因をさぐる分析機器を買い入れたりしているが、製品試験ができるのは食品と繊維品にほぼ限られている。今後も通産検査所や自治体の工業試験所などへの試験依頼が続きそうだ。（中略）（国民生活センターの）テスト施設での職員は管理職も含めて二十九人。消費者部門の検査だけで全国で百二十人の職員を抱える通産検査所などと比べると、原因究明テストにあてられる職員は少なく、設備も十分でない。(18)

以上の記事で、「試験」、「検査」、「テスト」という語が目につく。いずれも同じような意味だから、試験とよぶことにしよう。

製品事故の原因究明の依頼があったときに大切なのは、試験をする前に、どのような試験するかを決めることである。試験そのものは、端的にいえば、分析機器とそれを操作する技能員がいればできる。ところが、どのような項目の試験をするかを決めるには、観察・思索・洞察を必要とする。まず事故が起きた商品および使用状況を観察して、事故の事実関係をつかむ。ついで、事実関係から事故原因を論理的に思索する。論理がとぎれるところでは、洞察を必要とする。こうして思索・洞

察によって事故原因が推論される。そこではじめて、推論を確かめるために、必要な試験項目が決定され、試験が行なわれる。試験結果が推論と合わなければ、思索・洞察をやり直し、さらには元に戻って観察をやり直す。

原因究明には、観察から思索へ、洞察へ、そして試験、それで不十分ならもう一度、観察に戻る、というループが大切である。これには、事故の製品に適した知識・経験・能力が必要である。市場には多種多様な製品が出ているから、科学技術のほとんど全域にわたる専門家がいなくてはならない。前掲の記事で、消費生活センターでは、食品と繊維品にほぼ限られている。それ以外の商品については、どうするのだろうか。結局は、商品についてくわしい業界団体のPLセンター、さらにメーカーへ持ち込まれ、しかしそこでの解決には公平性に疑問が残る、という問題になっている。

アメリカでは、どうしているのだろうか。

一つには、弁護士の科学技術の素養がある。

アメリカの場合、ロー・スクール（三年制）を卒業して州の法曹試験を受ける。合格率は日本の医師国家試験と同じぐらいで、落ちれば繰り返し受験するうちに、ロー・スクールの卒業生のほぼ全員が弁護士になれるという。ロー・スクールへ入るのは、四年制の医、理、工、経済などさまざまな学部の卒業者である。学部を卒業して、社会で何年間か働いてから入る人も少なくない。こうして科学技術の知識・経験・能力をもつ弁護士が珍しくないのである。

日本では、高校を卒業してすぐに法学部に入り、司法試験は難しいというので法律予備校へ通ってもっぱら司法試験向けの勉強をし、合格すると二年間の司法研修所をへて弁護士などの法律家になる。この日本の典型的なコースのどこにも、科学技術の素養を身につける余裕はない。理工系学部を出て、製造業などで技術者として勤務しながら勉強して司法試験に合格する人がいないわけではないが、新聞のニュースになるほどの稀な例である。

アメリカのロー・スクールを大学院だという人もいるが、日本の大学院（法学研究科）と同等のものとしてそういうなら、誤りである。アメリカのそれは、プロフェッショナル・スクールの一つである。プロフェッショナル(professional)は「専門職」、つまり法律の専門職を養成するための職業学校だから、そこを出た人がみんな弁護士になっておかしくない仕組みである。

アメリカの弁護士は九十万人で、年に数万人増加するといい、日本の弁護士は一万六千人で、年に数百人、近ごろは少しゆるめて千人ぐらい増えるという。ＰＬなど科学技術が関係する事件の処理能力において、アメリカの弁護士がもつ能力の質的、量的な蓄積と、日本の弁護士のそれとの間に、大きな格差があることがわかる。しかしこれは、日米間の格差の、第一の要素に過ぎない。

第二の格差は、弁護士と技術者の協力関係である。

アメリカで、プロフェッショナル・エンジニア（ＰＥと略称される）の法制が最初に作られたのは、一九〇七年、ワイオミング州とされ、いまでは全米各州にＰＥ法とよばれる州法がある。

こうした制度が生まれるには、それを必要とする社会がある。

科学技術の知識を人間生活に利用できるようにする営みが、技術業（engineering エンジニアリング）であり、技術者はそれを業とする。公衆は、科学技術についての知識が乏しく、現代の高度な科学技術については無知に等しい。科学技術はたえず発展し、その前線には未知があり、そこからときに危害が生じる。無知な公衆は、その危害にさらされる。その危害を探知し抑止することができる人がいるとすれば、それに携わる技術者である。そこで、技術者に期待がかけられるようになった。

たとえばテキサス州のPE法は、科学技術の「知識の急速な進歩が、技術業の実務に用いられるとき、われわれ人間の生命、財産、経済、保安、さらには国家防衛に及ぼす影響が極めて重大であることを認識して、公衆の健康、安全および福利を保護するために、技術業の業務を行なう特権を、この法律の規定のもとで正当に免許されかつ登録されて業務を行なう人にのみ委ねる」。そして、技術者（エンジニア）という語の使用を、それらの人に限定する。こうして、州および公衆が、技術業の業務を行なう正当な権限がある人を見分け、責任を負わせることができるようにする。(19)

科学技術の関係では、PE以外にも多くの資格制度がある。それらは局部型と総合型とに大別される。PEは、総合型である。科学技術のほぼ全域を対象にしていて、化学、機械、土木、電気、総合などの部門があり、PEになるための試験は部門別に行なわれる。ほとんどの州では、受験した部門に限定されないPE免許が与えられる。たとえば化学で免許を得ながら、自分が専門家としてやれる領域が土木や機械にわたる場合には、その仕事をしてよいのである。

日本でよく知られている食品衛生管理者、公害防止管理者、情報技術者などは、それぞれの法律に定められた特定の目的のためだけの局部型の資格制度であり、それ以外には及ばない。

注目すべきは、技術者（エンジニア）という、西洋社会で自然発生し、長く使われてきた語の使用を、このテキサス州の例にみるように、一定の資格者に限定していることである。その社会の伝統的な語を使用する権利を非資格者から奪うのだから、極めて強権的な措置である。これは、そうまでして、科学技術を制御しようというアメリカ社会の決断の表れだといえよう。

アメリカでは、科学技術についての専門家証人（expert witness）は、ＰＥの役割として定着している。事件が起きると、法律面をになう法律家が中心になり、科学技術面をになうＰＥとの実務的な連携のチームが始動する。そういう社会システムが形成され、円滑に機能しているのである。専門家証人の基本的な役割は、(20)

①事故を理解して、発生した一連の出来事のできるだけ詳細なモデルを構築すること
②クライアント（つまり、専門家証人を雇う弁護士）が事故を理解するのを助けること
③陪審員が事故を理解するのを助ける手立てをすること
④事故を説明する助けとなるような、他の同様な事故あるいは関係のある事故についての情報を探すこと
⑤過失問題に影響するような具体的な技術上の問題点について検討し、説明を準備すること

以上①～⑤が、専門家証人すなわちＰＥの役割だというのだから、事故の科学技術面の対策にお

いて、ＰＥがいかに決定的な役割を果たしているかがわかる。アメリカではＰＬ訴訟が多いことが、日本では非難めいた、いくらか軽蔑的な口調で語られるのだが、見方を変えれば、ＰＬ訴訟が多いことはそれだけ被害者がよく救済されているわけで、それを可能にしている要因の一つは、法律家とＰＥの密接な協力にあるといえる。製造物の欠陥などの科学技術面が、適切かつ迅速に処理されなければ、公平かつ迅速な裁判はありえないのである。

日本ではどうだろうか。

日本では一九五七年(昭和三二年)、アメリカのＰＥを範とする技術士法が施行された。ＰＥに相当するのが、日本では技術士である。当時すでに建築士法があったので建築が除かれただけで、機械、船舶、航空・宇宙、電気・電子、化学、繊維、金属、資源工学、建設、水道、衛生工学、農業、林業、水産、経営工学、情報工学、応用理学、生物工学、環境という現在の一九部門が示すように、科学技術の全領域にわたる技術の専門家制度である。

しかし残念なことに、日本の社会や法律家の間では、技術士の制度があることすらあまり知られていない。アメリカの専門家証人に相当するものを、日本では鑑定人という。日本では、しかし、海難、自動車事故など特定の分野を除けば、科学技術的な問題が生じるたびに、専門家探しをして鑑定依頼をするという刹那的方法がいまだに繰り返されている(21)。

技術士のこの状況は、技術士側が社会や法律家に向けて積極的なはたらきかけをしなかったツケが回っているのである。また一面において、日本にも製造物の欠陥など科学技術に関係する事故が現実に存在するのに、そして、アメリカに法律家と技術者の協力の実例があるのに、科学技術の専門家の制度が生かされていないという状況は、法律家側が本質的な対策をとろうとしなかったことにも原因があるといえよう。学際的な協力は、日本の専門家には苦手だといわれるが、グローバル化の時代、そういう話ですませることではない。訴訟などの同じ土俵で科学技術的な事項をめぐって、アメリカ側と日本側とが戦うとき、その勝ち負けが左右されることになるのである。

日本には、技術士の試験に合格し、法定の登録をしている技術士が、現在、約三万八千人いる。社団法人 日本技術士会は、「全国を区域とするの一の」公益法人でありながら、弁護士の場合の弁護士会と違って加入は強制されないのだが、それでも現在、一九部門にわたる約八千人の会員からなる。日本技術士会は、九七年いらい、ＡＰＥＣ域内における技術者資格の相互承認の課題に取り組み、これが実現することになった。(22) 技術者の能力を一定の基準により認定し、実質的に同等であるとの判定がなされれば、技術者に国境を越えて移動する自由とそこでの職業を確保する自由とを保証する枠組みが整うことになる。(23)

グローバル化の時代、日本だけが、科学技術的な争点について対応能力が弱体ではすまされない。以前から技術士が鑑定に参加する例はあったのだが、日本技術士会では九八年、プロジェクト・チーム「科学技術鑑定センター」を設置し、組織的な活動を始めた。科学技術的に正しい内容が、法律家にわかるように表現されている、この二つの要件をみたす一定レベル以上の鑑定が、安定して供給されるシステムを構築し、そのシステムの運用によって、日本の技術者による鑑定への社会的信頼を確立するのが目標である。

むすび

この章の始まりに登場したお母さんは、ＰＬ法は被害者が「裁判所へ行かなくても、消費者センターのようなところで解決できるようにする法律」と信じこんでいる。ＰＬ法のほんとうの目的や、不法行為法との関係などは知らないのである。市民は法律に無知でいいのだろうか。現代の生活に重要な法律について、教養があり意欲がある市民が、これほど無知でいいのだろうか。しかし、行政とジャーナリズムによるＰＬ法の啓蒙の結果がそれだったのである。

他方、行政庁の誘導によって、親切なサービスと、ある程度の科学技術の知識とをそなえる消費生活センターが、ＰＬ紛争解決機関としての地位を確実なものにした。アメリカでは、法律家と技術者の強力な連携が、民間での解決を当然のことのように実現しているのに対して、日本では、法律家と技術者という専門家の発育不全が、「大きな政府」主義を助長する結果になっている。

第2章　製造物責任の法の全体像

製造物責任法という名の法律だけが、ＰＬの法ではない。このことはＰＬ法を理解するうえで、基本的に大切なことである。この章では、カネミ油症事件を例にとって、製造物責任の法の全体的な構成を説明し、在来のＰＬ法解釈の問題点を明らかにして、健全な解釈の方向を考える。

法律は本来、難解なものではないこと

ＰＬ法の施行を翌年七月一日にひかえた一九九四年一〇月、新宿区にあるホテルで、「製造物責任に関する勉強会」が開催された。日本技術士会の製造物責任調査研究委員会が会員を対象にしたもので、この法律への技術者の関心の高さから、満員の盛況だった。

講師たちは、すべて日本技術士会の会員である技術者である。当時のこの種の催しには決まって法律家による講演があったものだが、それがない。技術者である講師たちが、「製造物責任法の逐条解説」、「技術士のための製造物責任法の説明」、「企業の製造物責任法対策」、「技術士の製造物責任

法対策」など、題名をみると興味をそそられるテーマについて話すのである。私にとってこれがPL法との最初の接触だった。

聞き終わって私は、技術者である講師たちが、法律の仕組みがよくわかっていないのではないか、という疑問をいだいた。PL法についてはこのとき説明を受けたばかりだが、私には法学部で教わった民法や不法行為法の知識があった。

あとで私は、指導的立場の講師に、製造物責任法を理解するための民法についての説明を、無償で致しましょう、と申し出た。しかし、聞き入れられなかった。無理もないことで、当時そのようなことが私にできるとは、だれも知らなかった。私自身、シナリオを思い描いただけで、説明に成功した経験があったわけではないから、聞き入れられなかったのが幸いだったかもしれない。

この勉強会の講師は、技術者だった。法律のことだから、技術者が講義するのは間違いのもとだ、という意見があるであろう。しかし、技術者がPL法の解説をする試みは、本書でこれからだんだんわかってくることだが、決して的外れなことではない。

このあとの説明に関連があるので、この時にPL法に接するまでの私の履歴を簡単に紹介しよう。

はじめ私は一九五三年(昭和二八年)、新制大学第一回の卒業生として金沢大学工学部の工業化学科を出て、社名に化学工業という文字がある小さな製造業の会社へ入り、東京工業大学の窯業研究所の河島千尋教授のもとでの研究生活を振り出しに、鳥取、岡山、秋田の各県の工場や、東京にある本社などで二十三年間勤めたのち、昇進していた取締役をやめて、同様の製造業を小さな商社と共同でおこし、代表取締役として七年間、経営にあたった。そして五十六歳のとき、名古屋大学の社会人選抜制度を利用して法学部法律学科三年に編入、二年間在学して八八年四月に卒業する。

そういう年齢だったから、司法試験を受けるつもりはなく、技術士としての技術コンサルタントの業務の一方で、法学研究を続けた。とくに「会社」、「パートナーシップ」などの企業組織について、大学の深窓の学者たちの営みとは異なる、社会に即した法学を目指した。

この関係の成果として著作が二冊あり、一つは、名古屋大学法学部の卒業論文を本にした『株式会社生態の法的考察』（勁草書房　一九八八年）である。卒業論文の指導教官、平出慶道先生がほめてくださった内容の論文に手を加えたら、金沢大学同窓で勁草書房専務の石橋雄二氏が、外車に乗ったりバー通いをする趣味がないのだから、本を出すのにおカネを使えよ、とすすめたものである。この本が書店に並んだおかげで、当時、早稲田大学の図書館長をしておられた、法学部の奥島孝康教授の知遇を得た。奥島研究室に寄留させていただき、教員図書室の文献を利用した成果が、そのつぎの著作、『株主間契約』（成文堂　一九九一年）である。これは奥島先生のご推薦で、早稲田大学前の成文堂に出版をお願いした。

科学技術の関係の著書としては、『濾過』（地人書館　一九九二年）がある。これは大部の体系書であり、つづいて、タテ書きで普通の人に親しみやすいように書いた『濾過は語る――技術はいかに進むか』（同　一九九四年）がある。

これらの著作に続く九五年に、ＰＬ法に接したのである。

前記の申し出が拒絶されたので、私は、技術者向けのPL法解説書を書く決心をした。まず、名古屋大学で二年間に教わった不法行為法をはじめ関係科目の教科書による復習である（後出一四九頁参照）。つづいて、前年に出ていた名古屋大学の加藤雅信教授の編著『製造物責任法総覧』[1]によって、PL法の学習をした。これは一、四〇〇頁余の大作だから、神田の本屋でちょっと立ち読みをしてから、買って持ち帰るのに、手が抜ける思いがしたものである。

加藤編著をよく読んだおかげとはいえ、その程度の勉強でPL法の本が書けるのか、と疑う人がいるかもしれない。

私には、確信があった。法学部で二年間学び、卒業して数年間、法学について自分で考えて体得した確信である。法学を学ぶのは、文学、経済学などを学ぶのとは違うと思うのである。

法学というものの性格を考えてみよう。

ある法律が適用される区域のことを、法域という。日本の国の法律は、日本という国を法域とする。日本の国の法律は、その法域の人である国民に適用される。地方公共団体の法律（＝条例）は、その法域の人である住民に適用される。ここに国民、住民という語を用いたが、それらをひっくるめて市民とよぶと、法律は、その法域の人である市民に適用される。

法律が、規範として役立つには、市民に知られなければならない。普通の知的レベルの市民が、積極的に知ろうとするとき、わかるものでなければならない。法律についてのこの原理は、人間社会で古くから認められてきたと思われる。どんなに専制主義の国家でも、法律を国民に知らせないでおいて、唐突に持ち出して処罰することは、あまり行なわれなかったはずである。むしろ法律を知らせ、これによって処罰するぞ、と威嚇する。市民に知られない法律では、威嚇にならない。

この観点からすると、市民が積極的に知ろうとして読んでもわからない法律があれば、それは悪法というより無法である。日本のＰＬ法は、読めばわかる。不法行為法は、百年前の明治期につくられたので、文語体で書かれ、句読点がないから、現代の日本人にはそういう理由で読みにくいが、書かれていること自体は難しくない。

法学についても、法律についての学問だから、同じことがいえよう。法学が、法律をよりよく理解し、法律をより合理的に運用し、さらに、よりよい法律をつくるための学問だということに、異論はないであろう。私のように四年制の大学を出て三十余年、社会の一員として製造業に従事し、その間に社会生活と仕事とを通じて多くの法律に接触し、そのうえで法学部法律学科をほどほどの成績で卒業した者が、二、三回繰り返して読んで理解できないような法学は、市民にとって無用なもの、と判断してよい。不法行為法の復習と、ＰＬ法の新たな学習にあたり、私はこの判断方法を用いた。文献に難解な記述があっても、そういうものは省略すると霧が晴れたように、私の頭の中には、かなり透明な不法行為法・ＰＬ法の体系が出来上がった(後出一六七参照)。

こういう勉強をしながら書くことになる本の監修を、加藤雅信先生にお願いした。名大法学部で民法総則という科目を教わって人柄がわかっていたこと、それになによりも前記大著が敬服に値する内容だったからである。こうして、『製造物責任法――法律家と技術者とをつなぐ』が、九六年一月に出版された(2)。ちょうど、加藤先生と、名大で民事訴訟法を教わった太田勝造先生（現東大教授）とによる監修で「法と社会シリーズ」の企画があり、その第一冊となったのである。

出版から一年たったころ、編集者から電話があり、最高裁判所が二百五十余冊も買い上げてくださり、各地の裁判所へ配布されることになったという。考えてもみなかったことだから、驚いた。編集者の話では、それなりの著作のある法学部教授でもこのような機会に恵まれるのは少ないとのこと、「これ、口外していいですか」と聞いたら、「もちろん、いいですよ」。しかし、私は考えた。売名目的でこのことを吹聴してまわったら、最高裁の性格として望ましいことではないに違いない。しかし、この事実が、研究者や著作者たちを励ますことになるとしたら、どうだろうか。そう考えて、日本技術士会の機関誌に書いたら(3)、祝福してくださる会員がいて、読者が増えたのであった。

その本を手にする裁判官は、どの章に目が行くだろうか。まずは、第六章の事例研究ではないだろうか。取り上げたのは、不法行為法のもとでのカビキラー事件、二浴式コールドパーマ液事件、カネミ油症事件、スモン事件、クロロキン網膜症事件、松下カラーテレビ発火事件の計六件である。ＰＬ法が適用されると不法行為法の場合とどのように異なるか、および、科学技術の観点から見るとどうなるか、という考察を加えたものである。

前記加藤編著『製造物責任法総覧』のなかに、加藤のほか久世表士・高橋めぐみ・藤田 哲・上野 寛・中西正典・安井信久・田口雅朗・菅原正倫・青木 清による、五〇〇頁におよぶ裁判例総覧がある。わが国でおびただしい数のＰＬ法解説が出版されたが、不法行為法のもとでの判例を紹介したものは少ないうえ、これほど詳細に解説しているのは唯一、加藤編著のみのようであり、しかも法律を論じる場合に大切なことだが、視野の広さと、市民的な目が感じられる。判例への着眼は、加藤編著での勉強によって得られたのであった。

他方、科学技術の観点による問題点の指摘は、口はばったいことながら筆者の独創といえる。私は前半生を技術者として過ごしてから法学を学び、法と科学技術が重なり合う領域に何か未開拓の事柄がありそうな気はしていたのだが、ＰＬ法で具体的に遭遇することになったのである。（ＰＬ法と科学技術の関係は、第３章で取り上げる）。

ＰＬ法制定のときの争点と決着

九〇年末、国民生活審議会が、ＰＬ法をつくる準備のために、「製造物責任制度を中心とした総合的な消費者被害防止・救済の在り方」について検討作業に入った。この審議会は首相の諮問機関で、経済企画庁の所管である。並行して、通産省所管の産業構造審議会が翌九一年末、「事故防止および被害救済のための総合的な製品安全対策の在り方」について審議を始めた。

九二年一〇月一九日、国民生活審議会の消費者政策部会が、ＰＬ法を導入すべきかどうかの結論を翌年秋に先送りすることを決めた。そのとき、新聞はつぎのように書いている。(4)

先送りしたのは、産業界や自民党の反対が強かったためだ。ＰＬ法の導入が国際的な流れになっているなかで、先進経済国の日本が導入の決断をできないでいることに、導入に積極的な消費者団体や日本弁護士連合会、法律学者、さらには海外などからも批判が強まりそうだ。

国民生活審議会がＰＬ立法化の結論を見送ったことに産業界は胸をなでおろしている。今後一年かけて合意形成をはかるとされたことについては、「業種別に関係省庁が検討するといっても、まとめ役の経済企画庁のいいなりにならないから、うまくいかないだろう」（経団連幹部）として、経団連が「仲立ち」をしていく考えを示した。

こうして、「立法化の結論を見送ったことに産業界は胸をなでおろしている」というから、産業界がよほど強力な抵抗を展開したのである。

ここにみられるのは、産業界と法律家（日本弁護士連合会と法学者）の間の対立の構図である。ＰＬ法が施行されてからも、前章で考察したように、訴訟が少なく穏やかなのは、産業界の強力な抵抗によって穏健なＰＬ法になっていたからなのだろうか。まず、それが問題である。

日本が採用したＰＬ法は、基本的にＥＣ指令の系譜にあり、相違点はあるがＥＣ指令を踏襲している(5)。ここにいう「ＥＣ指令」は、ＥＣ閣僚委員会（現在ではＥＵ閣僚理事会）が一九八五年に採択し、加盟各国が同じ内容の国内法をつくり、ＥＣ内の製造物責任法制を統一することを目的としたものである(6)。

日本における産業界と法律家の対立には、二つの争点があった。第一点は、「推定規定」である。ユーザーが製造物を、予見・予想されるような用法で使用していて事故が起きた場合には、その製造物に欠陥があったと推定する、という趣旨の規定がそれである。この規定が置かれれば、製造物に実際に存在したはずの欠陥、および、それが損害の原因であったことを、証明しなくてもよいから、被害者（消費者）の負担が軽くなり、その分だけ製造業者の負担が重くなる。法律家側が推進し、産業界側が反対した。ＥＣ指令にこのような規定はない。これから述べるように、これは採用されないで終わった。

第二点は、メーカー（製造業者）が訴えられても、その製品を出荷した時点での科学技術の水準では欠陥がわからなかったことを証明すれば、免責される規定である。免責によってメーカーが救われる反面、被害者は救済されないことになる。産業界側が賛成し、法律家側が反対した。この趣旨の規定はＥＣ指令にあり、日本法では四条一号に採用された（後出一二六頁参照）。

最終案ではこうして二点とも、産業界側の主張が通った形だから、国会に提出されたとき、マスコミの対応は、おおむね企業寄りと批判的だった。

「推定規定」を置く置かないの争いについて林田の見解を、少し長文になるが大事なことなので引用する。(7)

マスコミがＰＬ法案を企業寄りと評価する最大の理由は、この法案に推定規定が盛り込まれなかった点にある。つまり、ある製品を通常の用法で使用していたにもかかわらず損害が発生したというときには、製品に欠陥があること及び損害の発生はその欠陥が原因であることを推定する旨の規定を置くべきだ、という議論が一部にあった。しかし同法案がこうした議論を採用しなかったからだ。

こうした議論の論者の中には米国ではそうしている、ということを一つの論拠として主張している人がいるが、果たしてそうだろうか。

今年(=九四年)四月、米国法律家協会は不法行為法リステイトメント第三版の最終草案を決定した。リステイトメントとはモデル法のようなもので、裁判官の指針として機能する。そこには、欠陥や因果関係を「infer」してよいという規定があり、英語の辞書には「infer=推認」としているものがある。しかし、日本法の推定規定に匹敵する言葉は「presume」である。「infer」は後述する事実上の推定にむしろ近い。

推定規定とは、Aという事実が認定できればBという事実を認定することを裁判官に命じるものである。いわば「must(すべきだ)」のルールである。他方、事実上の推定とは、ある事例においてCという事実が認定できたときに、裁判官がDという事実を推定するというものである。こちらの方はするしないは裁判官の自由であり、「can(できる)」のルールである。

つまり、推定規定を置こうという議論は、「ジュースを買って飲もうとしたらビンが破裂してケガをしたという場合には、ビンの製造における欠陥を裁判官は認定しなければならないというわけである」。しかし、

ビンに傷が入っていたという場合、その傷は店にならんでいたビンに他の客がつけたものかもしれない。あるいは店まで運ぶ途中に運送業者がつけたものかもしれない。つまり、ビンの製造における欠陥があった可能性は必ずしも高くない。もちろん、同種の事故が相次いでいるという事情が

あれば話は別である。

結局、製品自体の欠陥がある可能性はケース・バイ・ケースなのである。であれば、この場合になじむルールは「must」のルールではなく「can」のルールである。つまり、裁判官がこの事例では推定できるなと思えば推定してよいし、推定できないなと思えば推定しなくてよい——というルールが実態には適合している。（中略）事実上の推定方式を取るときは法には規定を置く必要がないので、ＰＬ法案が推定規定を置かなかったことはむしろ理にかなっている。

これが林田の結論である。英語のことへの言及がなくても、適切な見解ではなかろうか。ＰＬ法制定時の大きな争点が、理にかなった結論になったことは、日本のＰＬ法の健全性を示す一つの証拠といえよう。しかし、この林田説はむしろ少数意見であり、法学者たちの間には、ＰＬ法は不本意な法にされてしまったという挫折感がただよう。

これには、ＰＬ法の制定をめぐる二つの勢力の、二者択一的な対立の構図が関係していると思われる。

第二次大戦が終わった昭和二〇年（一九四五年）八月、私は旧制中学の三年生だった。中学生とは名ばかり、国家による勤労動員という強制労働で、航空機部品をつくる工場で働いていた。あとになって、われわれは全体主義国家の政策の被害者だった、というふうに対立的にとらえるようになるのだが、敗戦までの日本は、批判勢力の存在を許さない、全体を一色で塗りつぶす主義（＝全体主義）の体制だった。敗戦とともに変化が始まる。そのころ説かれた民主主義のイメージには、五月晴れの空のような透明感があった。

ところが、中学の四年、五年と進むうちに、ソ連共産主義に加担するグループが出現する。彼らはユイブツベンショウホウというのを唱えた。私はいまも唯物弁証法というのがよくわからないのだが、彼らの弁論の手法は、自分は労働者の味方だから正しい、したがって、その自分と意見を異にして対立する相手は、ブルジョアであり悪である、というものだった。敗戦までの軍国勢力と違ってこれは左翼だが、自分は正しいという断定を前提とするから、やはり全体を一色に塗りつぶす主義である。その後、大学へすすみ昭和二八年(一九五三年)に卒業するまでの学園で、議論を好む学生の間では、このような左翼全体主義が圧倒的に優勢だった。

卒業して社会へ出ると、労働運動の盛んな時代が続く。一人の会社員だった私の印象では、その構図がやはり、労働者は正しい、企業・資本家・経営者は労働者から収奪を図る悪である、とするものだった。こうした左翼全体主義の勢力に対して、その後、戦前からの保守的全体主義が復活して勢力を増し、経済の高度成長期をへて、圧倒的優位に立つようになる。いくらかマンガ的だが、戦後五十年の大きな流れを、私は経験的にこのように総括するのである。この五十年、日本を支配したのは、互いに相容れない二つの全体主義の対立、いわば「白か黒か」の二色であって、個々人の多彩な個性を尊重する民主主義は社会の片隅に逼塞《ひっそく》し、主流になることはなかった。

いまPL法との関係でこのことを持ち出したのは、PL法の立法をめぐる産業界側と法律家側との対立が、互いに相容れない「白か黒か」の二色のように思えるふしがあるからである。

産業界側のごり押しの姿勢は、新聞の論調からうかがうことができる。他方、法律家側には、企業は強者、消費者は弱者だから、消費者保護のために消費者に有利な立法にしようという思いこみがあった。その対立は、労働者は正しい、資本家は悪い、というかつての構図とあまり違わない。労働者を消費者に置き替え、資本家を製造業者に置き替えると、ほとんど同じレベルでの対立ではなかっただろうか。

ここで問題は、産業界と法律家が対立するなかで、法学は何をしたかである。「法律家」という語を、ここまで、日本弁護士連合会が代表する弁護士と、法学者とを合わせたものとして使用してきたのだが、本来、弁護士は、法律の実務家であり、法学者は、それとは異なる役割をになう。産業界と弁護士会が対立するなかで、法学者が同じレベルで、これを勝つか負けるかの二者択一としてとらえ一方に加担して旗を振るだけでは、自分の言い分が通らなかった、敗北したという挫折感にとどまり、それ以上の発展がない。産業界側としても、企業は自分の利益のために被害者救済をかえりみないでごり押しをする、という汚れた印象を残し、争った双方が満足感がなく釈然としないまま、ＰＬ法施行四年目のいまもおおむねその状態で停滞している。

不法行為や製造物責任の法学には、学者は社会において学をつかさどる立場から世論をリードしようとする使命感があるべきだと思うのだが、そのような使命感も内容もとぼしい、というのが本書のあちこちで出てくる見方である。そういう目で見ると、このような結末も、ＰＬ法の制定後その解釈について進歩がない事実も、よく説明できるように思えるのである。

総合的なＰＬ観――カネミ油症事件

製造物の欠陥による事故を、日本の法律はどのように裁いてきたか。ここに取り上げるのは、昭和四三年（一九六八年）に発生した事件である。もちろん、不法行為法の時代である。忙しい人が手早く学習したいときに、古い事件を持ち出して何になるか、という非難があるかもしれないが、日本には製造物の欠陥による事故についての判例の蓄積があり、それらは今後生みだされるＰＬ法のもとでの判例と、同じ重みをもつものである。

法律家や法律家による解説を受売りする技術者のなかには、ＰＬ法は新しくできた法律で、まだ判決例がない、判決が出るようになればＰＬ法の解釈が明らかになる、というような説を吐く人がいるが、そのような見方は誤りである。不法行為法からＰＬ法への流れは一続きだから（前出五頁参照）、不法行為法のもとでの判例の蓄積が、ＰＬ法のもとでの製造物責任を考えるのに役立つのである。もしほんとうにＰＬ法が新機軸の法なら、ぼつぼつ出てくる判例が二つ、三つ、あるいは一〇個になったところで、全体の解釈が明らかになったりはしないものである。

(1) 事件の概要(8〜11)

カネミ倉庫株式会社は、福岡県北九州市に本社と本社工場があり、事件発生の昭和四三年当時、資本金五、〇〇〇万円、従業員約四〇〇名の規模であった。米糠《こめぬか》からとった粗製油を原料にして食用ライスオイルを製造するとき、粗製油を脱臭する工程での加熱に、脱臭缶内の蛇管（図2.1）に高温のＰＣＢを熱媒体として循環させて使用していた。そのＰＣＢを供給していた鐘淵《かねがふち》化学工業（鐘化）は、

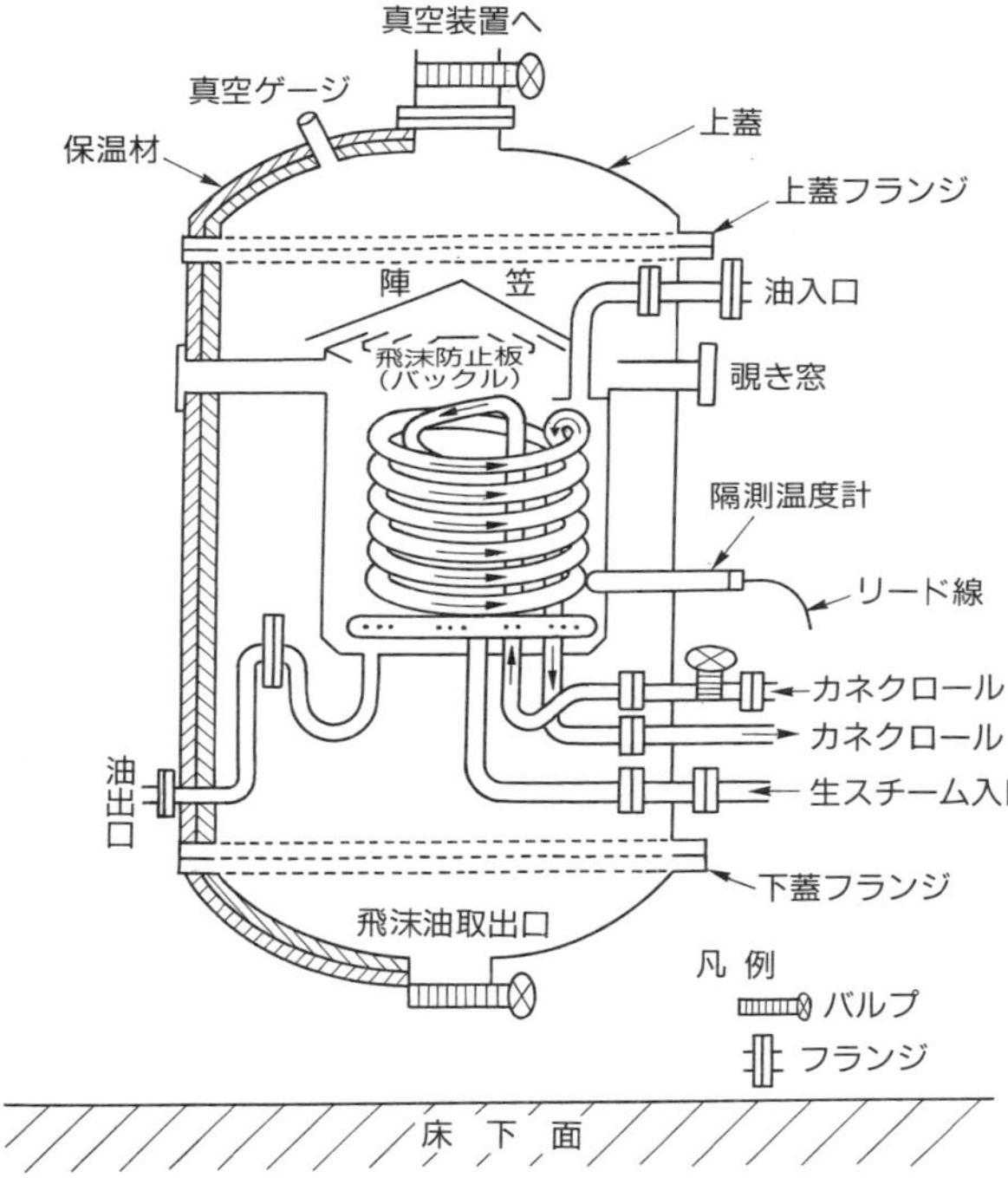

図2.1　脱臭缶構造図（判例時報1109号29頁）

わが国で初めてＰＣＢを製造販売していた(製品名カネクロール四○○)。株式を東証一部に上場する、わが国の代表的な化学会社の一つである。

昭和四三年二月下旬から三月、カネミ倉庫製造のダーク油（ライスオイルを製造するときの副産物）を使った配合飼料によって、西日本一帯の養鶏場で鶏が呼吸困難になるなどの奇病が発生し、四十万羽が死亡した。この段階で、農林省の福岡肥飼料検査所がカネミ倉庫の工場を立入検査し、家畜衛生試験場に病性鑑定を依頼していた。

人への被害は、同年六月頃か

ら八月、西日本一帯で、吹き出物、内臓疾患を訴える、いわゆる油症の患者が続出した。十月、患者の一人が福岡県大牟田保健所に、使用中のカネミライスオイルを提出したことから、福岡県衛生部と九州大学医学部等が「油症研究班」を発足させて調査研究を開始し、十一月には、油症の原因はＰＣＢの混入したライスオイルであるとの結論に達した。

カネミ倉庫では、この年の一月末から二月にかけて、ＰＣＢが異常に減少した際、漫然とＰＣＢを補充し、結果として二八〇キログラムものＰＣＢが循環系から洩れて、ライスオイルに混入した。さらに、ＰＣＢの混入がわかった後、ＰＣＢ混入のライスオイルをドラム缶約三本に回収し、それを廃棄しないで、正常油と混ぜて再脱臭して販売した。

届出患者は一万四千人、認定患者は同五八年現在で一、八二四人にのぼる。

ＰＣＢの混入は脱臭工程の六基ある脱臭缶のどこかで生じたものとみられ、その経路について、主たる二説があった。

ピンホール説

六号脱臭缶において、ＰＣＢの過熱によって蛇管内に塩化水素ガスが発生し、それが蛇管内の水に溶けて塩酸になり、蛇管を腐食して腐食孔(ピンホール)が生じ、通常それはＰＣＢ、ライスオイルおよびこれらの重合物によって充填閉塞されていたのだが、この脱臭缶の外筒の修理が行なわれ一月三一日に再び据え付けられた工事の衝撃で開口し、そこからＰＣＢが漏出してライスオイルに混合したとする(九大鑑定)。この説を採用すると、わが国最初のＰＣＢメーカーである鐘化が、ＰＣＢ

の腐食性などの性質について指示・警告をしなかったという、鐘化の過失が問題になると考えられた。

工作ミス説

油症事件発生後十二年余りたった昭和五五年になって従業員の一人が供述したことを基礎に(10)、鐘化が主張したもので、カネミの鉄工係が一月二九日に、一号脱臭缶に取り付けられていた隔測温度計の保護管の先端部分にある穴の拡大工事を行なった際、溶接ミスによってそれに近接していた蛇管に穴があき、その穴からPCBが漏出し、ライスオイルに混入したとする。この場合、もっぱらカネミ倉庫の過失になると考えられた。

この事件では、刑事法上の責任と民事法上の責任とが問われた。

(2) 刑　罰

刑事法の責任の問い方は、刑罰を科すことである。刑法が、犯罪およびそれに対する刑罰を規定していて、他の法令による罪にも適用される。

刑法に業務上過失傷害罪があり、工場長 森本義人は一審でこれによって禁固一年六カ月の実刑判決を受けた。高裁への控訴は棄却となり、最高裁へ上告したのち取下げ、この刑が確定した。カネミ倉庫株式会社の代表者 加藤三之輔は一審で無罪とされ、検察側も控訴せずに確定した。この二人に対する裁判所の考え方を見よう。

工場長は、旧制工業学校 応用化学科を卒業し、油脂・鉱物油の仕事をへて昭和三〇年にカネミ倉庫に入社、同三六年、導入された米糠《こめぬか》油精製の製油部精製工場主任として現場責任者となり、同四

○年、工場長兼製油部精製課長としてその部門の最高責任者となっていた。実刑とされた理由の趣旨は、つぎのとおりである。(9)(少し読みにくいかもしれないが、法学部教師が書くものの一般的レベルに比べれば、このほうがわかりやすい。法律に関係する文章は難解なものが多いとはいえ、日本の裁判官は、昭和五三年(一九七八年)にはこのような判決文を書くようになっていたのだ)。

その学歴や職務経験から化学的素養は持ち合わせていたものの、化学工学や化学機械装置に関してはさほどの素養もなく、化学機械装置の設計や設計計算をしてその安全性を確認できるほどの専門的能力は有していなかった。(文献七七頁)

このような落度を誘発したのはなによりも被告人のカネクロールの物性及び有害性に関する認識や理解の不足、特に人の健康に対する影響に思いを至さなかったことが大きな原因をなしている。このことは被告人の情報収集努力の不足もさることながら、彼にもたらされたカネクロールに関する各情報にもその根源を見出すことができる。(脱臭装置の)設計者岩田文男からは、それが殆ど人畜無害であると教えられたり、入手したカネクロールカタログには、若干の毒性があるけれども殆ど問題とならず取扱も特段の配慮は不要であり(とあり)、カネクロールのメーカー鐘淵化学においては、万一その漏出混入という事態が生ずれば重大な結果へと発展する虞のある食品工業に対しても、それが人体に経口摂取された場合の有害性に関する十分な情報提供をしないまま、同工業における熱媒体として推奨宣伝して販売した。(同九五–九六頁)

(そういうことだから)本件結果の総てをひとり被告人の責任に帰することはできない状況にあっ

た等被告人に有利な事情をも十分考慮しても、被告人の過失行為自体、本件結果発生に不可欠の要因となっており、その過失は重大であり、その結果も極めて重く、その他被告人においては、本件裁判を通して自らの落度を容認しようとせず‥‥（同九七頁）

この記述から、一人の技術者が置かれていた立場が思われる。他方、会社代表者の無罪理由は、

　カネクロールの危険性に関する特段の認識もなく、……それが米糠油に混入することについての予見も予見可能性もなかったのであり、更に実際上右管理につき具体的個別的な指示や監督をなしうる立場、職責にもなく、せいぜい本社工場の統括者として、工場長（被告人）をはじめその従業員らに対し、工場関係帳簿の正確な記帳、それによる資材副資材の使用状況の掌握、それらの十分な管理の遂行督励等の一般的抽象的な指示をなしうるに止まるものと認められるから、被告人にカネクロールに関する直接の注意義務は勿論、その監督者としての注意義務も存しなかったものと認めるのが相当である。（同一〇九頁）

この判決の事項を、ＰＬ法と不法行為法の主要な用語に対応させると、つぎのようになる。

製造物　　食用のライスオイル
欠陥　　含まれてはならないＰＣＢ（カネクロール）が混入していたこと
被害　　油症による人の生命、身体への侵害
過失　　ＰＣＢの危険性を予見する注意義務があるのにそれを怠ったこと
製造業者　　カネミ倉庫

表 2.1　業務上過失致死傷罪(刑法 211 条)

業務上必要な注意を怠り、よって人を死傷させた者は、5年以下の懲役もしくは禁固または50万円以下の罰金に処する。重大な過失により人を死傷させた者も、同様とする。

表 2.2　国家賠償法(1 条)

① 国または公共団体の公権力の行使に当る公務員が、その職務を行うについて、故意または過失によって違法に他人に損害を加えたときは、国または公共団体が、これを賠償する責に任ずる。 ② 前項の場合において、公務員に故意または重大な過失があったときは、国または公共団体は、その公務員に対して求償権を有する。

(PL法の観点からは、このほか、油症の原因はPCBにあるから、鐘化について製造物カネクロールの製造業者としての責任が、また、PCBが漏れた脱臭缶を製造物としてとらえればその製造業者の責任が、それぞれ問題になる)。

こうしてみると、これが刑事法の判決文であるのに、PL法の要点と対応していることがわかる。異なるのは、「過失」が、この判決では犯罪として刑罰の対象とされていることである。PL法では、つぎにみるように、刑罰ではなく、損害賠償の対象になる。

(3) 刑罰と損害賠償の関係

刑法の業務上過失傷害罪の規定(表2.1)と突き合わせてみよう。「必要な注意を怠り」とあるのは「過失」のことだから、「業務上の過失によって人を死傷させた者は」と読み替えられる。不法行為法(表1.1)と比べると、「……する者は」という前段と、「……する」という後段とからなる形は同じだが、その後段の違いに気がつく。刑法は「五年以下の懲役もしくは禁固または五〇万円以下の罰金に処する」と刑罰を定めているのに対して、不法行為法は「損害を賠償する責めに任ずる」と損害賠償を定めている。つまり、刑事法の責任の問い方が刑罰であるのに対して、民事法のそれは損害賠償である。言ってみれば、それだけの違いである。

その違いは、加害者がおカネを支払うときの支払先の違いになる。刑罰の場合、加害者が支払う罰金は国庫に入る。他方、民事法は利害調整の法だから、加害者が支払う損害賠償は被害者の手に渡る。われわれの社会は、人が過失によって他人に被害を及ぼした場合に、加害者に損害賠償をさせることによって制裁し、その過失が重い場合にのみ、刑罰を科すことによって制裁する。カネミ油症事件では、両方の制裁が課された。社会的制裁として両者は別物ではなくて、過失が軽ければ損害賠償のみ、重ければ刑罰も、という有機的な関係にある。

なお、民事の不法行為法では、「故意」と「過失」が区別されないが(前出八頁参照)、刑事法では、「故意」なら罪名が傷害罪に変わって「十年以下の懲役」または罰金になり(刑法二〇四条)、死に至らしめれば傷害致死罪になって「二年以上の懲役」、つまり二年を下回ることはない懲役という重い刑になる(同二〇五条)。また、業務上過失傷害罪は、文字どおり「業務上の過失」によるもので、業務上ではない通常の過失による傷害なら刑が軽くて「三〇万円以下の罰金」(死亡の場合は五〇万円以下)になり、懲役がない。

(4) 損害賠償

カネミ油症事件の民事の裁判は、昭和四三年に事件が発生してから、同四四年二月の福岡第一陣に始まり、一連の訴訟が相次いで提起された(表2.3)。(8)

表2.3　カネミ油症事件　民事訴訟

被告＼原告	カネミ倉庫	カネミ倉庫代表者	鐘化	国	北九州市	判決額 円
適用法	不法行為法			国家賠償法		
福岡第1陣（44名）						
一審(昭52)	○	○	○			7億
控訴審(昭59)			○			4億
小倉第1陣（729名）						
一審(昭53)	○	×	○	×	×	各60億
控訴審(昭59)		○	○	○	×	国3割
小倉第2陣（344名）						
一審(昭57)	○	○	○	×	×	25億
控訴審(昭61)			×	×	×	
小倉第3陣（71名）						
一審(昭60)	○	○	○	○	×	6億 国3割

○原告勝訴　　×原告敗訴
最高裁で，このほか，小倉第4陣・第5陣，福岡第2陣が一審中に和解.

刑事では有罪とされた工場長は、ここには登場しない。被害者が損害賠償を請求するには、被告として、十分な支払能力のある人を選ぶ。そうしないと、裁判で損害賠償を勝ち取っても被告に支払能力がなければ、取り立てられないからである。この事件の損害賠償は、普通の技術者個人から取り立てるにはあまりに巨額である。

損害賠償請求の根拠は、カネミ倉庫と鐘化については、不法行為法の中心規定である七〇九条(前出八頁参照)である。カネミ倉庫は、ライスオイルの製造業者として、PCBの混入が起こらないように注意するとか、混入する事故が発生したことがわかればそれを廃棄するなど、慎重な取扱いをすべきであるのにそれを怠った過失があるとされた。鐘化については、前記の工作ミス説が有力になってからの判決(小倉第２陣控訴審)は鐘化の過失を否定したが、それ以外の判決では、食品製造向けの工業薬品、設備、装置等を供給する者も食品製造業と同じ高度の安全確保義務を負うており、わが国で初めてＰＣＢの生産を始めた化学企業として人体や環境への影響を十分に調査研究して取扱い方法を需用者に周知徹底すべきであるのに、その安全性の確認を怠り、ＰＣＢについて当時知られていた危険性さえ充分に需用者に伝達しなかった注意義務違反（＝過失）があるとされた。

カネミ倉庫の代表者加藤三之輔には、二つの立場がある。一方は、カネミ倉庫に対する判決に代表取締役として名前が出る。これは加藤個人の責任ではなくて、カネミ倉庫株式会社という法人の責任である。他方は、不法行為法のなかに代理監督責任の規定(七一五条二項)があって、この事件の場合、事故を起こしたのは従業員の過失であり、その従業員の使用者であるカネミ倉庫は法人（＝架空の存在）だからみずから監督することはできず、代表取締役が代わって監督していたとして、加藤個人の責任を問うものである。ちなみに、もしこの人にみるべき資産がなければ、この規定は利用されなかったに違いない。

カネミ油症事件で、国と北九州市が被告にされたのは、国家賠償法(表2.2)によるものである。不法行為法といえば通常、民法七〇九条から七二四条までの規定を指すのだが、不法行為とよばれるものの一般に広く適用されるのでこれを不法行為の一般法といい、他方、不法行為の特別法とよばれる一群の法律がある。責任を負うべき人が製造業者であるときの製造物責任法や、国・公共団体であるときの国家賠償法が、それである。

国家賠償法は、公務員が職務を行なうについて「故意または過失によって違法に他人に損害を加えたとき」、国・公共団体がそれを賠償する責任があることを定めている(同法一項)。損害賠償をした国・公共団体は、その公務員にその額を請求する権利(＝求償権)がある(同二項)。「違法に」とあるのは、公務員は法律によって職務が定められているから、それに違反することをいう。

この事件で国に対する請求は、これを認めた判決と認めなかった判決があって転変したのだが、北九州市に対する請求はいずれも認められなかった(表2.3参照)。北九州市は政令指定都市であるため、食品衛生法により県または県知事が国の委任によって行なう事務のうち一部を除き、市または市長が処理すべきものとされており、その責任を問われたのだが、油症事件の発生の危険を予見することが可能であったとは認められない、とされた。

国についての主要な争点は、一足早く発生した鶏のダーク油事件の段階で国が適切な処置をとっていれば、人の油症の発生をある程度、防止できた、という見方である。国に過失があったとする判決の判断の趣旨は、つぎのとおりである。

①農林省福岡肥飼料検査所(福岡肥飼研)の公務員

鶏事故の原因がカネミ倉庫のダーク油にあることを突きとめカネミ倉庫の工場の実態調査をしながら、「食用油は大丈夫だ」との発言を聞いてそれ以上の関心を向けず疑念をいだかなかったのは、職務上の義務を怠ったもので、ひいては食品衛生の行政庁である厚生省への通知連絡義務を怠った過失がある。

②農林省家畜衛生試験場の公務員

福岡肥飼研からの鑑定依頼により、鶏やヒナで再現試験を行なって原因がダーク油にあることを確定しながら、「無機性有毒化合物」の混入が否定されたことから、ただちに、油そのものの変質による中毒であるとするなおざりな鑑定をしたのは、肥飼研の場合と同様の過失である。

③農林本省の公務員

福岡肥飼研から実態調査の報告を受けていて、常時密接に指示する立場にあり、福岡肥飼研の調査能力がどの程度のものか知る立場にありながら、福岡肥飼研よりも質的に高度な責任を有する上級官庁としての自覚に欠け、漫然と福岡肥飼研からの結果報告を鵜呑《うの》みにし、有効適切な対応をせず、食用油の安全性は権限外のこととして疑念をもたず、厚生省への通知連絡義務を怠った過失がある。

他方、国の過失を否定した判決は、鶏のダーク油事件から人の健康への具体的な危険の切迫を容易に知ることができたとは認めがたいとした。

この事件は、最高裁で昭和六二年に一部和解が成立したもののなお尾を引くのだが、本章ではここまでとする(なお後出二〇四頁参照)。

カネミ油症事件は、ＰＬ法ができる以前に、不法行為法のもとで起きた事件であった。これがＰＬ法施行後の事件なら、適用される法がつぎのようになるはずである。

	ＰＬ法施行前	ＰＬ法施行後
カネミ倉庫	不法行為法(七〇九条)	ＰＬ法
カネミ倉庫代表者	不法行為法(七一五条二項)	不法行為法(七一五条二項)
鐘化	不法行為法(七〇九条)	ＰＬ法
国・北九州市	国家賠償法	国家賠償法

ＰＬ法は製造業者に適用される法律だから、代表者個人や国・北九州市は、影響を受けないのである。別の例として、ＰＬ法施行後に引き渡された医薬品の事故の場合、製薬会社に対してはＰＬ法、医師の医療過誤に対しては、医師は製造業者でないから不法行為法、医薬品を規制する厚生省に対しては、国家賠償法によることになる。

製造物責任の法の構成

ここまでカネミ油症事件について、刑事および民事の責任を説明した。これらをまとめると、製造物責任の全体の構成がわかる(図2.2)。

法の源泉として、どんな社会、どんな国においても、人々の意識の次元に「モラルと常識」が存在する。その一部を抽象的な文章に表現した「一般条項」とよばれる規定が、民法にある。人は

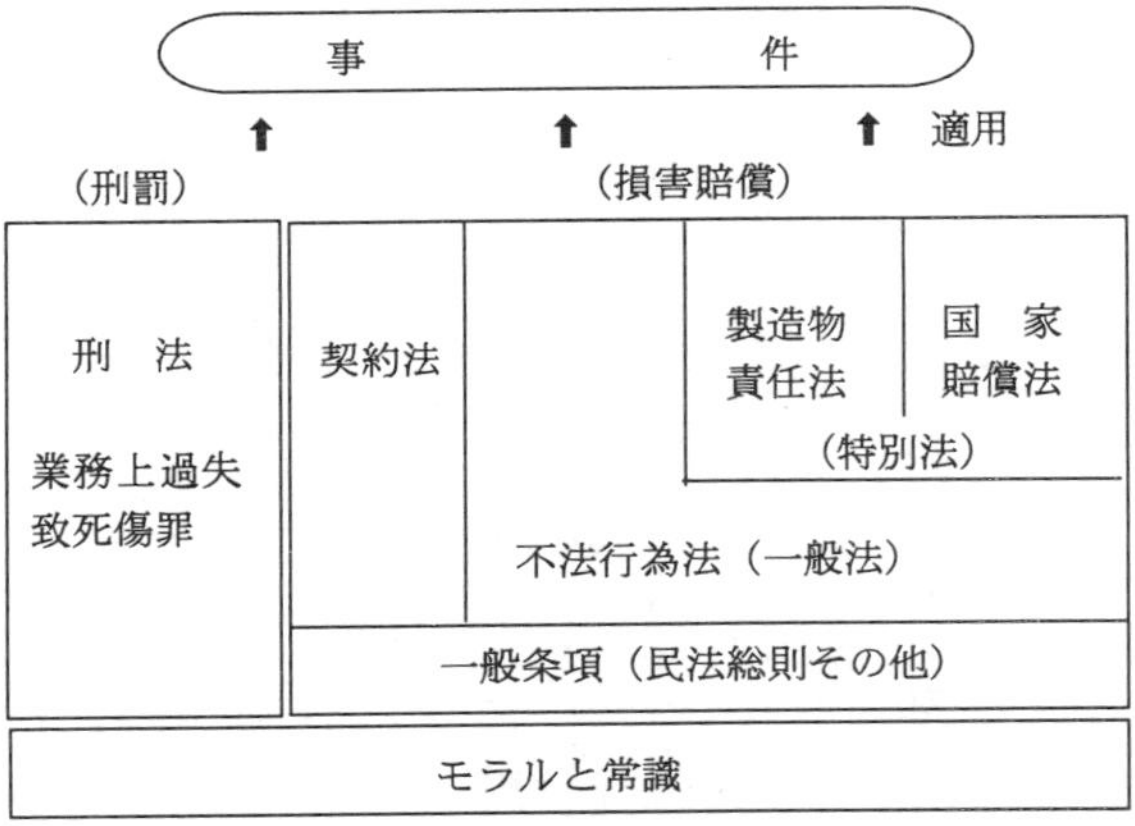

図 2.2　製造物責任の法の構成

信義に従い誠実でなければならない（民法一条二項。いわゆる信義誠実の原則）、権利を濫用してはならない（同三項）、公の秩序や善良な風俗（＝公序良俗）に反してはならない（同九〇条）などが、その一般条項である。このように抽象的だから適用範囲が広いが、範囲を不法行為に絞った不法行為法が、不法行為の一般法であり、そのなかでさらに範囲を絞った製造物責任法と国家賠償法とがある。

被害者が損害賠償を請求するには、製造業に対しては製造物責任法を、国や公共団体が関係するときには国家賠償法を、それらでカバーできない相手には不法行為法により、それで不十分なら一般条項、さらにはモラルと常識を根拠にして追求することになる。

法はこのような階層的な構成だから、他人に損害を与えながら賠償を免れようとか、損害というほどのものもないのに賠償請求するなど、モラルや常識に反する行為は、そのどこかで捕捉される。

この図に「契約法」があるのは、ユーザーが製造物を入手するには、代表的な二つのルートがあるからである。

一般消費者がユーザーの場合、商店、スーパーマーケット、デパートなどで買うという方法で製造物を入手する。製造物を買う取引の相手方は、商店などであって、製造業者ではない。つまり、事故が起きて損害が生じるまで、消費者と製造業者は互いに関係がなく、損害が生じたときに被害者・加害者の関係が生じる。これがPL法上の損害賠償の性格である。

他方、たとえば企業が大量、大型、または多額の機材を入手するには、機材の製造業者との売買契約、購入契約などの契約によって購入することが多い。その場合、製造物の欠陥による損害は、契約不履行の損害として契約上の損害賠償を請求すればよい。ところが、ときに契約は不完全である。細かいところまで規定していないとか、契約を結んでから月日がたって状況が変わり実情に合わなくなっていることがある。契約にない、あるいは、契約が実情に合わないというのは、事故と同じだから、PL法が適用される余地がある。事故による損害の、どこまでが契約上のものでどこからがPL法上のものかはっきりしないから、両法による損害賠償を請求することになる。図の「契約法」は、その意味である。一見、契約法上の請求権とPL法上の請求権とが併存しているかのようである。そこで法学はこれを「請求権の競合」といい、どちらの請求権によってもよいと説く。

以上にみるように、製造物責任の法は、製造物責任法という名の法律だけではなくて、刑法の規定を含むこれら全体がそうだというのが、製造物責任の法の健康なイメージである。あえて健康なイメージというのは、これから示すように、そうでない見方があるからである。

行政庁のＰＬ法解釈

ＰＬ法について一番早く流布された解釈は、「製造物責任法の解説」と題する、行政庁による平成六年(一九九四年)八月の文書だったようである。執筆・編集に、以下の順に七つの行政機関名がある。

経済企画庁国民生活局消費行政第一課
法務省民事局参事官室
厚生省大臣官房政策課
農林水産省食品流通局消費経済課
通商産業省産業政策局消費経済課
運輸省運輸政策局消費者行政課
建設省大臣官房政策課

私が見たのは、Ａ４判の大きさ、一頁が四〇字詰四〇行のワープロ文書で、表紙と目次を除き本文十八頁である。これが各省傘下の〇〇協会、〇〇工業会などという産業団体へ広く配布され、それぞれの機関誌(紙)などに転載されて個々の企業に普及した。日本技術士会の機関誌、月刊『技術士』の九四年一〇月号には、Ｂ５判九頁に体裁よく印刷されている[12]。つまり、雑誌の小さな論文一編ぐらいの少ない分量である。以下において、この資料を「七省庁解説」とよぶことにする。

ちなみに、前記『製造物責任法――法律家と技術者とをつなぐ』著作のとき、七省庁解説は重要だから転載させてもらおうと、まず通産省のその課へ電話したら、「なぜ通産へ聞いてくるのですか」、という反問である。そこで筆頭の経済企画庁のその課へ電話すると、「著作権の関係があるので、ご遠慮願います」とのこと、さらに、「経済企画庁の担当官による解説『逐条解説 製造物責任法』がすでに出ていますから、いまさらお書きになることはありませんよ」との示唆である。何をおっしゃる、と反発したいところだが、経済企画庁には冗談のわかる人がいるものだと考えることにして、感心したのであった。

行政機関名による出版物としては、その経企庁によるもの(13)のほか、通産省のものがある(14)。行政庁関連のPL法解説として、もう一方で重要なのは、升田純『詳解 製造物責任法』である(15)。この著者は序文にいう、「昭和五二年四月に裁判官に任官して、最初に担当した事件が東京スモン訴訟であり、以後四年間、主としてスモン訴訟の和解を担当した。その後、いくつかの製品事故に関する訴訟を担当したが、平成四年四月、たまたま法務省民事局参事官となり、製造物責任法の審議、立法に関与することになったものであり、いささかの縁を感じていた。製造物責任法の審議の過程においては、製造物責任に関する理論的な精緻さよりも、製造物責任の社会的な機能、実務における製造物責任の利用の実情、不法行為制度の歴史的な流れを想定しながら関与してきたものであり、本書においても、できるだけそのような視点からの議論をも紹介することとした。」

この升田著は全一、二二五頁の大著で、PL法の施行から二年たった九七年(平成九年)の出版である（このとき著者はすでに東京高等裁判所判事へ転出している）。個人の著作ではあるが、この引用文にみるように行政庁で製造物責任法の審議、立法に関与せられた成果であり、そういう立場での法解釈である。

升田著を、七省庁解説と比べてみよう。

升田著が一、二二五頁に対して、七省庁解説は九頁である。判の大きさが前者がＡ５、後者がＢ５だから、単純に比較はできないが、それにしても格段の差である。升田著は、立法に携わった立場から、誠実に、ていねいに著作するには、一、二二五頁が必要だったのだろう。そうだとしたら、七省庁解説のわずか九頁の中味は、いったい何だろうか。

七省庁解説は、ＰＬ法の全体像をよく理解した人が利用するなら、要録あるいは備忘録として有用であろう。ところが、初学者がＰＬ法学習に利用するなら、危険なアンチョコ（安直本）である。

その理由は、こうである。

七省庁解説は産業団体などを通じて企業に渡った。企業としては、ＰＬ法による追求を免れるには、欠陥のない製造物をつくるようにするのが根本的な対策であり、それをになうのは技術者である。施行前から製造業の技術者たちは危機感をいだき、真剣にＰＬ法を学習しようとした。その学習のテキストが、七省庁解説だった。これはしかし法学部育ちの素養で書かれているから、技術者にはわからない。そこで、熟読よりも丸暗記の学習が行なわれた。もともと製造業では、法令の規定や監督官庁の名のある文書は、いささかも疑わない習慣がある。危険というのは、それである。

技術者は、生産管理などでいわゆるマニュアルに親しんでいる。マニュアルは手引き書ともいわれ、事に当たってするべきことが、疑問の余地のないように明瞭に書かれている簡潔な文書である。原理はわからなくても、マニュアルの手順を守ればよい。B5版でわずか九頁の七省庁解説は、そういうマニュアルとして技術者に受け入れられた。読んでわからなくても丸暗記し、もし質問されたらそのとおりオウム返しに答える。

こうして七省庁解説で得た知識は、技術者たちの脳の表層にとどまり、PL法についてより深く考える資源にはならなかったうえに、七省庁解説の効力についての誤解を生んだ。

七省庁解説は、行政機関が作成し、行政機関を通じて頒布された。製造業に携わる人々には、行政庁の指導に従っていれば無事という意識があり、そういう目でこれを見る。

規制法令と、利害調整の法との違いについて第一章で述べたように、PL法は利害調整の法であり、所管行政庁の規定はない(前出一七頁参照)。それでは、七省庁解説を出すという行政活動は、どこに法的根拠があるのだろうか。

行政庁が、法令解釈の文書や通達、あるいは担当課執筆の解説書を出すのは、規制法令の場合によく使われる手法である。政府刊行物の売店などで、数多くの規制法令についてその実例を見ることができる。七省庁解説も、経企庁や通産省の担当課執筆のPL法解説書も、それと同じ手法といえよう。本来は利害調整の法であるPL法に、規制法令並みの手法が使われたのである。そう思って読むと、ＰＬ法は第一条に目的を定めていて、「被害者の保護を図り、もって国民生活の安定向上と国民経済の健全な発展に寄与することを目的とする」という文言で締めくくられている。これは通常、規制法令に用いられる文言である。合理的な利害調整によって「被害者の保護を図」ることなら、不法行為法の目的にもなりうるが、それが「国民生活の安定向上と国民経済の健全な発展に寄与する」というのは、個々の事故を国民全体の経済に結びつけて考えるもので、大量生産、大量消費の時代の政策目的となりうるものである。それは司法をつかさどる裁判所にとって目的となるだけでなく、政策遂行をになう行政庁の役割がそこに示唆されている。

ＰＬ法は規制法令ではないから所管行政庁は規定されていないのに、第一条の目的を達成するため、七省庁協議のもとに統一した法解釈を発表し、その普及を図ることには、そういう意義があるのだろう。あるいは、新しい時代の利害調整の法の在り方といえるかもしれない。ただ注意すべきは、訴訟になった場合、七省庁解説に従ったことによって責任を免れるわけにはいかないかもしれない。伝統的な規制法令なら、所管行政庁の権限が明記されていて、それにもとづく裁量には相応の法的拘束力があるが、ＰＬ法の場合、そういった構造にはなっていないのである。だからこそ、七省庁解説を鵜呑《うの》みにするのではなくて、ＰＬ法の正しい解釈を追求すべきなのである。

このことは、くどいほど強調されなければならない。

規制法令の例として、食品添加物について規定する食品衛生法をあげよう。この法律は、「厚生大臣は、食品添加物公定書を作成し」、販売の用に供する添加物の「製造、加工、使用、調理もしくは保存の方法につき基準を定め」、その「成分につき規格を定めることができる」と規定している(同法七条一項)。こうした法律による授権を受けて厚生大臣は厚生省の官僚に命じて、「食品、添加物等の規格基準」を作成させ、告示する。

それには、食品や添加物の種類ごとに、定義、性状、確認試験、純度試験、さらに使用基準が、具体的に定められている。法律にもとづく告示に詳細に具体的に定め、それに従って行政庁が食品添加物規制の行政権限を行使する仕組みである。

これに対して、PL法は、六カ条の抽象的な条文ぽっきりの法律である。それ以上に具体的なことは何も定められておらず、この抽象的な規定を解釈して具体的な事件に当てはめるのは、最終的には裁判所の役割である。経済企画庁、通産省など七省庁の解説は、少なくとも、PL法解釈の確定的な〝定番〟ではありえない。裁判所での適用に先立ち、法学者が、判例を参考にしてPL法の解釈をすすめる。裁判所が実際の事件について判断するにあたり、それを参照する。その判断がさらに、法学者による法解釈に寄与する、というふうに循環する。そういうことだから法の解釈は、法学者の重要な役割である。うがった言い方をすれば、七省庁解説は、法学者による解釈の作業に、先行して枠を設けようとしたのかもしれない。そういう目論見の有無はとにかく、学者など法律家によるPL法解釈のほとんどは七省庁解説を踏襲していて、現代日本の行政庁の影響力の大きさを知らされるのである。

立法時に、「推定規定」をめぐって激しい対立があったことは、より容易に損害賠償を得ようとする被害者側と、不当な損害賠償の支払いは厳しく拒否したい製造業者側との間で、製造物の欠陥の規定をどのように解釈するかについて食い違いがあることを示唆している。その食い違いは、いまもあいまいなままである。一裁判官による最近の論文が、「抽象的な議論がなされることが多く、実務的な運用の指針が十分議論されていない状況にある」と述べているのは、そのようなことの指摘なのであろう(16)。

この項のまとめとして、七省庁解説など在来のＰＬ法解釈の、問題点を挙げることにしよう。第一に、以上に考察したように、製造物責任の法を総合的に眺める観点がなく、ＰＬ法の逐条解釈にとどまっている。

製造物責任法という名の法律に規定されているもののみが製造物責任とされ、そのことが解説の用語法に現れている。七省庁解説には、「製造物責任法」は「製造物責任」を導入したもので、「製造物責任は、責任原因を『過失』から『欠陥』へ変更するもの」と書かれ、経企庁の著作(17)および升田著(18)にも、同じ趣旨の表現がある。もはや説明するまでもないことだが、製造物責任の法はもっと広い概念のものであって、不法行為法のもとでは「過失」責任であったものが、製造物責任法のもとでは「欠陥」責任になったのである。

カネミ油症事件の前記刑事事件の判決があった昭和五三年三月、朝日新聞の社説はつぎのように述べている。(19)

判決は食品製造販売について「食品に混入する可能性がある物質について、単にそれに毒性や有害性がないというにとどまらず、それが食品に混入しても人の健康に絶対安全であるという積極的保障をして、その製造販売をすべきである」と厳格な解釈を示した。

昨年十月の福岡カネミ、ことし三月の小倉カネミ両民事訴訟でも、判決は人の生命や健康維持のため必要な食物は「絶対に安全なものでなければならぬ」と製造者側の責任をきびしく問うており、こんどの判決によって公法、私法とも製造物責任について一つの論理を確定したということが出来よう。

この年には、まだ製造物責任法の立法さえ市民の話題になっていなかったのだが、その時点ですでに「製造物責任」という語が、こういう使われ方をしていたのである。ここに公法というのは刑法、私法というのは不法行為法なのだろうが、両方を含めて製造物責任というのが、日本語の健康な感覚だった。（当時の同様の用語例はほかにもある）。

日本のＰＬ法は日本の社会に生きる市民に適用されるものだから、その社会で市民が普通に用いる日本語から隔絶したものであってよいはずはない。行政関連の解釈が、そこまで考えて「製造物責任」という語を使ったのではないだろうが、とにかく、製造物責任法という名の法律に書かれていることだけが製造物責任という見方をすると、「製造物責任法」という表題の著作は、製造物責任法という名の法律の逐条解説でよいことになるのだろうが、それでは一般市民はこの法律を正しく理解できないのである。

つづいて問題点の第二は、科学技術的観点の欠如、第三は、アメリカ法など外国法の影響を受けながらその消化不良、そして第四に、これまでの三点の結末として、狭い視野でのタコツボ型のＰＬ観がある。これらは逐次、以下の章で論じることになる。

表 2.4　「製造物」の定義

⑴ PL法２条１項

「製造物」とは、製造または加工された動産をいう。

⑵ 民法の関連規定

民法 86 条 ① 土地およびその定著物は不動産とする。 ② この他の物はすべて動産とする。 民法 85 条　物とは有体物をいう。

表 2.5　ＰＬ法２条１項の解釈（七省庁）

＊未加工農林蓄水産物は、基本的に自然の力を利用して生産されるものであり、高度に加工された工業製品とは生産形態に著しい差異があるため、本法の対象としない。 ＊本法は、不動産を対象としていない。 ＊無体物は、動産に該当しないから、本法の対象にならない。したがって、電気等の無形エネルギー、ソフトウェアなどは本法の対象にならない。ただし、ソフトウェアを組み込んだ製造物については本法の対象と解され、ソフトウェアの不具合が当該製造物の欠陥と解される場合がありうる。

「製造物の定義」の解釈のしかた

ＰＬ法の第二条は、この法律の主要な用語についての「定義」の規定であって、第一項が「製造物」、第二項が「欠陥」、第三項が「製造業者等」を、それぞれ定義している。ここでは一番目の「製造物」の定義を取り上げる（表2.4⑴）。

日本のＰＬ法は、民法の体系のなかに置かれているから、ＰＬ法の解釈に、民法の他の規定を考えに入れなければならないことがある。ＰＬ法最後の第六条に「この法律によるほか、民法の規定による」とあるのが、その意味である。「製造物」の定義に関係があるとされているのは、民法八五条および八六条である(表2.4(2))。これらの規定を引用して、七省庁解説は、未加工の農林畜産物、不動産、ソフトウエアの三つは、PL法の製造物には該当しない、したがってPL法は適用されない、と解する(表2.5)。

この三つがPL法から除外されるとする解釈は、七省庁解説だけでなく、法律家によるPL法解釈がすべて認めており、いくらか疑義があるにしても、まずは定説とみてよい。ちなみに、日本が準拠したとされるEC指令は、「未加工の農林畜産物」は除外されること、「電気」は含まれることを、それぞれ明記している(同指令二条)。

問題なのは、製造物の定義の解説が、これら三つが除外されることを述べ、そこで終わっていることである。ほんとうは、PL法が適用されなくても不法行為法が適用されるのだが(図2.2参照)、逐条解説は、そのことは伏せておいて、PL法は適用されないとだけ解説するものだから、技術者や一般市民は、未加工の農林畜産物・不動産・ソフトウエアの欠陥による事故には救済の法律がないとさえ誤解しかねない。

本来、法は万人に公平でなければならない。これは民主主義社会の法の原則である。そうすると、一般の製造物を買った人は救済されるが、ソフトウエアなどを買った人は救済されないのは、不公平ではないか、との疑問をもつのが健康な法感覚だろう。ところが、行政庁の権威のもとにソフトウェアなどの除外が断定され、その知識が植えつけられると、技術者や一般市民は、それ以上に考えようとしなくなる。

法律についての解説は、読者にマニュアル的な断片的知識を与えるのではなく、読者に考えさせるものがなくてはならない。技術者などの読者は、それで得た知識を実務に適用するのであり、実務にはさまざまな変態がありうるから、自分で考え、判断する能力を必要とする。定型的、断片的な知識を丸暗記して機械的に適用するアンチョコ方式は、実戦には役立たないのである。

これはＰＬ法の実戦上の重要な課題だが、七省庁解説は「無体物は、動産に該当しないから、本法の対象にならない。したがって、電気等の無形エネルギー、ソフトウェアなどは本法の対象とならない」としながら、「ただし、ソフトウェアを組み込んだ製造物については本法の対象と解され、ソフトウェアの不具合が当該製造物の欠陥と解される場合がありうる」という(表2.5参照)。この解釈を、実際のソフトウェア欠陥事件に、どのように適用できるだろうか。まったくあいまいであって、何の役にも立たない。

ＰＬ法について健康な考え方をするなら、民法八五条の「本法において、物とは有体物をいう」という規定が、ヨーロッパで一九世紀に形成された法に発し、日本でこの法律が制定されたのが明治二九年(一八九六年)であった事実を見逃すわけにはいかない。ソフトウエアなどという概念すらなかった時代のことである。その当時からの規定の解釈に従って、百余年後のいま、「電気等の無形エネルギー、ソフトウエア」は無形（＝無体）だからＰＬ法の対象外だという。いまも電気は目に見えないが、電流計という科学技術の方法によって知覚することができる。ソフトウェアも目に見えないが、コンピュータ用の機械語によって表現され、正確に知ることができる。そうすると、明治二九年の法律とその時代の解釈を機械的に適用して、法律の対象からソフトウェアを排除していいのだろうか。そういう疑問を、われわれは持つべきなのだ。

むすび

前章で紹介した『製造物責任法——法律家と技術者とをつなぐ』を出版してからのこと、私は、もともとの専門だった濾過技術の関係で、いくつかの工業会、工業技術協会などの産業団体に接することになった。私はそこで、産業界の人々がPL法の逐条解説をどのように受け入れたかを再認識したのである。この章を書くように促した要素の一つは、それらの人々との接触の経験である。製造物の生産に携わり、まじめに、前向きに自分の職責を果たそうとしている人々に、PL法の短絡的、硬直的な知識を植えつける逐条解説は、罪深いというべきではなかろうか。

PL法という独立した形をとる一個の法律を、製造物責任の法の体系のなかで理解することは、見た目には刑法、民法などに分かれ、さらに細かく分科しながらも、互いに連関しているという法の構造を知り、法と社会のつながりを知ることになる。

それは技術者や一般市民にとって大切なことなのだが、それよりも先に、法律家や法学者がそうでなくてはならない。われわれの社会において法を司る人々が、視野の狭い定型的な法学や法解釈のタコツボを出て社会に向けて目を開き、法律が専門でない人たちに向かって、誤りなく指導的役割を果たすようにならなければならない。そのことはＰＬ法に限らず、法律一般についていえることであり、ＰＬ法はそのようなことを具体的に考える機会をもたらしたのである。

ＰＬ法六カ条のみの文章解釈にとらわれ、製造物責任の法の全体を見ようとしない狭い視野の弊害は、単にＰＬ法の全体像を見失うことにとどまらない。ちょうど顕微鏡を覗きこんで一部を凝視しているようなもので、全体像が見えないうえに、ＰＬ法の他の重要な細部を見落とすことになる。そうなると、ＰＬ法の法学が全体として、ちぐはぐな知識の詰め込みになりかねないのである。次章以下で、そのことについて考えよう。

第3章　製造物の「欠陥」の法と科学技術

ＰＬ法における科学技術の発見

『製造物責任法——法律家と技術者とをつなぐ』の監修を加藤雅信先生にお願いしたことは、すでに述べた。

ある日曜日、原稿を二部持参して名古屋大学法学部の研究室へうかがい、一部は先生、一部はこちらが見ながら、始めから終わりまで膝詰めでの監修である。その日に終わらないで翌日にわたるのだが、私の生涯で、学者という人とこれほど熱心に論議したことはない。原稿に気に入らないところがあると、先生は、これではダメだとおっしゃる。私が意見を述べると、ダメだ、ダメだと、ときに血相を変えんばかりに反論される。しかし、そのうちにこちらの意見に納得されるらしく、それ以上はおっしゃらないで次へ進む。加藤先生は明晰で、そういう率直な姿勢だから、真剣勝負のように緊張した、実りの多い二日間だった。

ＰＬ法を学習し、原稿を書く段階で、気づいたことがあった。はじめはかすかな疑問が、しだいに、どうもそうらしいと思えるようになる。その疑問とは、前記の加藤編著にも、私が目を通したかぎりすべてのその他の著作にも、ＰＬ法の論議に科学技術の観点が脱落していることだった。

私の原稿には、科学技術の分野の人ならこのように発想し、考えるという新しい見方を加えた。それは加藤先生の編著にまったく書かれていないことだから、ひそかに加藤先生の顔色、声色なども観察しながら、加藤先生が否定的でないことを確かめた。加藤先生がそうなら、この新しい見方はまっとうな法学者や法律家には受け入れられる可能性がある、という判断である。

ここで「科学技術」という語だが、従来この語を論じるときには決まってscience and technologyの訳語として紹介されてきた。科学と技術が区別され、「科学と技術」という意味である。ところがこの語が使われるうちに、日本語の事情から、「科学的技術」というもう一つの用法が生まれた。自然科学の技術という意味で、technologyを指すのである。日本語の〝技術〟という語が、自然科学に限られず、法律の領域では、法解釈の技術とか立法技術、それ以外の領域でも、美容の技術というふうに使われることが少なくないので、それらと区別する用法である。本書でも多くの場合、この意味に用いる。

ＰＬ法のテーマは、製造物の欠陥である。製造物の欠陥はこうして法律のテーマであるとともに、科学技術のテーマでもある。現代の製造物のほとんどは、科学技術を利用して生産される。科学技術は、製造物の欠陥を防ぐために、製造技術や品質管理技術を発展させてきた。そういうことだから、ＰＬ法は、法律と科学技術とがかかわる学際の場なのだが、そのことを指摘したのは(1)、この本が最初だったようである(2〜3)。わかってみれば、コロンブスの卵である。ＰＬ法についての法律家の思考の枠組みに科学技術が抜けていることから、そうなったのである。法律家による科学技術の認識の程度が、はからずも表面化する機会になったのがＰＬ法だった。

前章で紹介した七省庁解説を読み直して驚くのだが、製造物の欠陥を解説するについて、品質管理という語が出てこない。

技術者にとっては、製造物の欠陥と品質管理とは、切っても切れない一組のものである。製造物の欠陥と聞いて、品質管理を連想しないようなら、技術者としての資質が疑われる。七省庁解説でＰＬ法を学習した技術者は多いのだから、多くの技術者がそのことに気づいていなければならないのだが、実際はそうでなかった。法律のことについては法律家を神のごとき権威と信じて、本来は鋭敏なはずの技術者としての感覚を目ざめさせようともしなかったのである。

法律家と技術者の、この行き違いに注意願いたい。法律家は、大きな要素として科学技術を含んでいる法律を扱いながら、科学技術に目を向けようとしない。技術者は、科学技術をになう立場にあるのに、法律家のそのような姿勢に気がつかない。われわれの社会で法律を司るのは法律家だから、この状況は、科学技術に利害関係をもつ者には恐ろしいことである。

この現実に、科学技術に携わる者はどうすればよいか。

第一に、マスメディアが日々もたらすニュースなどの情報で科学技術に関係することに、絶えず注意を払い、法律家による扱いに誤りがあれば指摘し、社会に向けて発言することである。そうしないと法律家たちは疑いをいだかず、科学技術について誤った考えのままで判断する。法律家が支配する世界では、意見を述べない人は意見がないものとみなされ、無権利者とされる。訴訟において主張しなければ相手方の主張を認めたものとみなされて敗訴するのは、その例にほかならない。しかし、法律家と技術者の関係が、互いに一方が他方を監視する緊張関係ばかりでは、警察国家のようで重苦しい。そこで、第二に、法律家と技術者の相互理解に注意を払うことである。

アメリカの例だが、弁護士主導のもとに技術者(プロフェッショナル・エンジニア、PE)が協力してPL訴訟を遂行するとき、弁護士が事故を理解するのを助けるのは、PEの基本的な役割の一つとされている(前出三一頁参照)。PL訴訟だから、製造物の欠陥という、科学技術がかかわる事故である。その経験をあるPEがつぎのように書いている(4)。

何が発生したかを発見すると同時に、専門家はクライアントである弁護士を教育しなければならない。物理および化学の原理を事件に適用するについて、弁護士は当初、奇妙なアイデアを出すことがある。しかし彼らは一般に学習が速くて、具体的な事件へのそれらの原理の応用を急速に理解する。

アメリカでは、円滑な対話と協力の関係が成立している。日本では、いまはほとんどなく、これから将来に向けての課題だが、日米間のこの大きな違いには、原因がなければならない。

日本は百年あまり前の明治期に、西洋法を導入して新規の法制をつくった。科学技術の導入も、ほぼ同じ時期である。知識移植と専門家育成とが同時だから、法律の専門家と、科学技術の専門家とを、画然と分けることができた。この徹底した分科の学問体系では、法律の知と科学技術の知は、互いに垣根で隔てられ、共通の理解は問題にならない。他方、欧米では、法律も科学技術も、同じヨーロッパ文明から生え出た同根の文化である。法律と科学技術との間の共通の理解は、はじめから存在している、ということではないだろうか。

日本でときに、異分野の研究者の交流を図る新しい試みとして、自然科学の専門家と、人文・社会科学の専門家とによるシンポジウムやパネル討論が行なわれる。しかし、法律家と技術者とを対面させたら、どうなるだろうか。法の知と、科学技術の知とが、単に接するだけでは、何も生まれない。英語を流暢に話すアメリカ人と、日本語を流暢に話す日本人とが対面しても、会話が成立しないのと同じである。この比喩は、私の実感によるものである。

私は前半生、科学技術の専門家としての職業に従事し、その後、法学部に学んでの後半生を送りつつあるのだが、かつての同僚である技術者の典型像と、いま接触のある法律家の典型像とは、互いに会話するすべを知らない〝異邦人〟である。裁判で科学技術に関係する鑑定が行なわれても、法律家と科学技術の専門家の緊密な共同作業の成果というようなものではなくて、鑑定人は法律家が決めてくれた鑑定事項について研究報告のように純粋に科学技術な報告をするのが良心的な鑑定だと信じ、弁護士は、科学技術のことはよくわからないままに、権威ある専門家によるそれらしい鑑定によって主張、立証する。双方とも、異なる領域の専門家の関係は硬直的なものだと思いこんでいる。ＰＬ法についてこれから述べる状況は、そういう関係を続けてきた結果なのだ。

法律家と技術者の間で、互いに理解し理解されるために、どちらかまたは双方が、積極的に出な

表 3.1 (1) PL 法 2 条 2 項

この法律において「欠陥」とは、当該製造物の特性、その通常予見される使用形態、その製造業者等が当該製造物を引き渡した時期その他の当該製造物に係る事情を考慮して、当該製造物が通常有すべき安全性を欠いていることをいう。

(2) PL 法 2 条 2 項の分かち書き

この法律において「欠陥」とは，A～D を考慮して，当該製造物が通常有すべき安全性を欠いていることをいう.

A 当該製造物の特性
B その通常予見される使用形態
C その製造業者等が当該製造物を引き渡した時期
D その他の当該製造物に係る事情

表 3.2 要素 A～D: 7 省庁の解釈

	A 製造物の特性	B 通常予見される使用形態	C 製造物を引き渡した時期	D その他の事情
定義	製造物自体が有する固有の事情	製造物の使用に際しての事情	製造業者等が当該製造物を引き渡した時期における事情	その他の事情
例示	①製造物の表示 ②製造物の効用・有用性 ③価格対効果 ④被害発生の蓋然性とその程度 ⑤製造物の通常使用期間·耐用期間，など.	①製造物の合理的に予期される使用 ②製造物の使用者による損害発生防止の可能性，など.	①製造物が引き渡された時期 ②技術的実現可能性，など.	①危険の明白さ ②製品のばらつきの状況 ③天災等の不可抗力の存在，など.

ければならない。科学技術側は、法的なものの考え方を理解して、科学技術側の考えが法律家に理解されるようにする方法を手に入れる必要がある。本章は、そういう趣旨によるものである。

ＰＬ法には、科学技術との関係に問題がある条文が、少なくとも二つある。一方は、製造物の「欠陥」の定義(二条二項)であり、他方は、科学技術との関連での製造物責任の免除(四条一号)である。まず前者から始めよう。

法律家がみた「欠陥」(3)

製造物の「欠陥」を定義するＰＬ法二条二項(表3.1(1))は、法律家が読んでもわかりにくいという。そこで、分かち書きを試みた(同(2))(5)。こうすると、条文の構造が明瞭になり、その解釈に問題があるとすればＡ～Ｄであることがうかがえる。この分かち書きには、問題の所在を明らかにする意義がある。

七省庁解説にＡ～Ｄの解釈が述べられていて、多くのＰＬ法解説書がこれに従っている。叙述文で書かれているものを、見やすいように一覧表にまとめた(表3.2)。これを読んで、それらが規定としてどのような意味をもつものか、わかるだろうか。

まず、Ｂ「通常予見される使用形態」とＣ「製造物を引き渡した時期」は、これらの語だけで意味の見当がつく。余計な解説を加えると、かえってわかりにくくなる。さらにＤ「その他の事情」は、Ａ～Ｃに含まれない事情だから、無理な解説をするまでもない。こうして残るのはＡ「製造物の特性」であり、これが二条二項の解釈上の焦点であることがわかる。そのAには、一覧表にみるように五個ばかりの要素が挙げられている。

それが要領を得ないと感じるのは、私だけではない。おそらくそのせいと思われるが、立法に携わった経済企画庁の著作(6)をはじめ法律家たちは二条二項を、「欠陥とは、製造物が通常有すべき安全性を欠いていることをいう」と解するようになった。PL法解説書のどれにも出ている解釈である。何のことはない、A〜Dを省略しただけの短絡的な読み方をするのである。そして、A〜Dは要件ではなく「判断要素の例示」であって、「主張・証明責任の対象とされるわけではなく、考慮されることも考慮されないこともある」、というのだ(6)。

法律には「A〜Dを考慮して」と明記されているのに、「考慮されることも考慮されないこともある」と解するのは、どうなのだろうか。徹底的に検討して、そう読まなければ合理的でないことがわかったのなら別だが、出来たばかりの法律の一部を初めから無視してかかるのは、常軌を逸した法解釈である。法治国である日本の法律家がそのようなことをするのである。

前章で紹介した升田著はそれと違って、A〜Dの説明の終わりに、「(明記された三つの事情は、その内容からみて、すべての製品事故において考慮する必要がある事情であるし、その考慮の方向は、被害者、製造業者等のどちらに有利・不利にかかわらず考慮することができる事情である)」、と付言している(7)。「三つの事情」とはA〜Cを指していて、つつましやかにカッコで囲っての付言は、一般的な風潮への遠慮があるのかもしれないが、もっと強調して書かれるべきことであろう。

それにしても、法律家一般がそれほど無理な解釈をするには、何か理由があるはずである。

ＰＬ法立法時の産業界の姿勢は、すでに述べた。国民生活審議会（前出四一頁参照）の報告は、欠陥の定義が抽象的であいまいでは、運用にあたり製造業者に著しく不利な解釈をされないともかぎらないので、欠陥の判断基準ないし要素として、九項目を列記するよう強く要求した。ＰＬ法案が審議された衆議院商工委員会（平成六年六月三日）において、清川通産審議官は、条文に規定された三つの要素（Ａ～Ｃ）と、九項目との関係を、つぎのように説明したという(8)。（引用中のＡ～Ｃおよび①～⑨の記号は、筆者による）。

Ａ「製造物の特性」という言葉の中には、製造物自体が有する固有の事情ということがあり、①製造物の表示、②製造物の効用・有用性、③価格対効果、④損害発生の蓋然性とその程度、⑤製造物の通常使用期間・耐用期間が含まれ、

Ｂ「通常予見される使用形態」には、⑥製造物の合理的に予期される使用、⑦製造物の使用者による損害発生防止の可能性などがあげられ、

Ｃ「当該製造物を引き渡した時期」には、⑧製造物が引き渡された時期、あるいは⑨技術的実現可能性などが挙げられる。

うがった見方をすれば、九項目が三つの要素に配分されて法律に盛り込まれたことを示し、産業界の顔を立てる工夫だったのだろうか。さらにいえば、そのような国会答弁が七省庁解説になり、ひいては「欠陥」の解釈を迷路へと導くことになった。それを許容したのは、Ａ～Ｄのあいまいな解釈である。

迷路から脱出する手がかりを求めて私は、二条二項の分かち書きと、A～Dについての七省庁解説を一覧表にするという手法を用いた(表3.1および3.2参照)。科学技術の領域では、こみ入った議論を叙述文だけで表現するのは困難なので、図表や数式を用いて明晰にする努力をする。法学部でも、講義では、図を描いたり表にしたりして説明を補足する先生が少なくないが、論文など出版されるものでは、あまりそういうことはやらない。この手法は、一般市民が問題の要点をつかむときにも普通に用いられる。この手法によって、製造物の「欠陥」の定義のうち、A「製造物の特性」が問題の焦点として浮上した。

結局は、法律家には「製造物の特性」がよくわからないのだが、技術者には自明である。「製造物の特性」とは何ですかと質問されると、製造業に携わる普通の技術者は一瞬、口ごもるだろう。技術者にとっては、答えようがないほどありふれた用語だからだ。科学技術は細かく分科していて、ある分科でしか使われない専門用語は、技術者でさえ専門が違えばわからない。しかし物質の「特性」とか製造物の「特性」という語は、科学技術の全域で普遍的に使われる。そういう語に、法律家が、科学技術の領域を覗いてみようともしないで、ありきたりの狭い視野のなかで特殊な意味を与え、法律家の権威によって押し通そうとするのがどれほど専横なことかと思うのだが、そういうためには、科学技術の目でみた所見を、法律家にわかるように説明しなければならない。

「欠陥」の科学技術

これから品質管理について述べるのだが、法律家たちはそのすぐそばまで接近しながら、科学技術の領域にそのような技術があることに気づかなかったようである。たとえば七省庁解説は、二条二項のうちD「その他の事情」を、つぎのように説明している。

その他の事情としては、危険の明白さ（当該製造物の使用方法に係る認識度等使用者側の事情）、製品のばらつきの状況（アウスライサー）、天災等の不可抗力の存在などが考えられる。

ここにある「アウスライサー」は、ドイツ語 Ausreißer のカナ書きらしく、統計学で「データの分布から大きくはずれた値」をいう（郁文堂『独和辞典』）。七省庁解説や法律家によるPL法解説に、なぜこのようなドイツ語が使われるのだろうか。日本の技術者のなかでは、おそらく、ドイツ企業との関わりでもなければ品質管理との関係でこのドイツ語を使う人はいない。日本の工学と製造業は、第二次大戦が終わってすぐにアメリカから統計的手法を用いる品質管理技術を導入し、消化し、発展させた。戦後の産業経済の発展は、日本人が勤勉だから、教育レベルが高いからなどということだけでは説明できないのであって、決定的な要素の一つに、優れた品質の製品の大量生産を支える品質管理の技術があった。そして日本ではもう三、四十年も前から、外国語を用いなくても品質管理を論じることができるようになっている。

「製造」は「生産」ともいい、「製造物」は「製品」ともいう。それぞれの二語に意味の違いはなく、PL法はたまたま、前のほうの語を用いたのだろう。

製造には、典型的には二つのタイプがある。「部品」を組み立てて製造物にする場合と、「原材料(原料ともいう)」を加工して製造物にする場合とである。たとえば、自動車は部品を組み立てて製造され、インスタント・ラーメンといった食品は原材料を加工して製造される。自動車とインスタント・ラーメンでは、モノが違い製造の方法も違うが、その製造に共通の要素をとらえて、「生産技術」があると考えられるようになった。

現代の生産技術とは、どういうものだろうか。(9)

「生産技術」とはどのようなものか、諸説があろうかと思いますが、次のように考えております(組立業でも、原料を部品と読み替えてもらえばよいと思います)。
①同じ原料を使って、
②同じ装置で、
③同じ製造条件下で、
④同じ品質のものが、
⑤長期に再現性良く生産できる技術
これは技術者向けの雑誌に、技術者によって書かれた文章である。法律家が読んでも、わかるであろう。分野ごとの専門技術は別にして、このような共通事項については、ある程度の知的能力があればだれにでもわかるように書くことができる。「できる」のにしばしばそうしないで、なるたけ

高尚にみえるよう難解な学問的修飾の文章にする傾向があるのは、技術者も法律家も同じである。

ＰＬ法が想定しているのは、昔からの個別生産による製造物よりも、このような原理による大量生産の製造物にある。

職人が一品ずつ作るオーダーメイドの紳士服や靴は個別生産、住宅でも大工さんの手作りは個別生産で、プレハブ住宅は大量生産ということになるが、ＰＬ法はそういう個別生産の製造物を除外してはいないものの、立法の趣旨は、大量生産、大量消費にともなう被害者の救済にある(前出六頁、六七頁参照)。

生産の目標とされる「④同じ品質のもの」は、もちろん欠陥のない一定品質の製造物であって、そのための品質管理が行なわれる。ＰＬ法が想定している製造物で、品質管理の手が加わっていないものはないといってよい。

日本には、工業標準化法にもとづくＪＩＳ(日本工業標準)がある。工業標準化とは、つぎの事項を全国的に統一し、または単純化することをいい、工業標準とは、工業標準化のための基準をいう(同法二条)。

一　鉱工業品の、種類、型式、形状、寸法、構造、装備、品質、等級、成分、性能、安全度など

二　その生産方法、設計方法、製図方法、使用方法など

三　その包装の種類、型式、形状、寸法、構造など

四　その試験、分析、鑑定、検査、検定または測定の方法

五　鉱工業の技術に関する用語、略語、記号など

六　建築物その他の構築物の設計、施行方法または安全条件

このように鉱工業品を対象にしていて、医薬品、農薬、化学肥料、蚕糸および農林物資が除かれているものの、二～五号は他の分野で参照されるのに十分な普遍性がある。

工業標準化法の制定は昭和二四年（一九四九年）である。目的がそうだから、ＪＩＳに規定されたことは、鉱工業について理解力のある人ならＪＩＳをみればその内容がわかり、必要があれば取り入れることができる。品質管理のＪＩＳは、右の五号あたりに該当するのであろう。製品や部品・原材料の種類を問わず適用可能な普遍的な技術である。

品質管理グループの一番目にあるＪＩＳは、「品質管理用語（JIS Z 8101）」で、一九五六年に制定、ＪＩＳは五年ごとに見直され、現行のそれは一九八一年改正である。

製造物は、さまざまは性質（property）をもっている。ちょっと思い浮かべるだけでも、形状、寸法、構造、成分、含有量、色、光沢、味など、さらにそれらが細分化されるから、数え切れない。それらのなかで、そのものの性格を特徴づける性質を特性（characteristic）といい、ＪＩＳでは、品質評価の対象となる性質のことを「品質特性（quality characteristic）」という（ＪＩＳ「品質管理用語」）。

品質特性は、つぎの三種類に大別される（ＪＩＳ「計測用語」）。

基本量……科学で定義されている量。長さ、質量（いわゆる重さ）、時間など

組立量……基本量を組み合わせて定義される量。たとえば、面積は、四角形でいえばタテの長さ

とヨコの長さの組合せ、「平方m（＝㎡）」や「平方㎝（＝㎠）」であらわされる。圧力は、ある面積にかかっている重さだから、「kg／㎠」というふうにあらわされる。

工業量……製造物の用途などにかかわる複合的な性質に関係する量で、基本量・組立量に分けられないので、それに適した測定方法とともに定義される。たとえば、電気洗濯機で「洗濯物の汚れの落ちる程度」は、単純な基本量・組立量では定義できないので、測定に用いる装置と方法を工夫し、それらとの関係で定義することになる。

測定の尺度を選べば、「世の森羅万象、およそ事物として異なるものと識別されるものには、すべて異なる数または符号を対応させることができる」（ＪＩＳ「計測用語」解説）。製造物についていえば、あらゆる製造物のどのような品質特性でも、必要に応じて測定方法を工夫すれば測定できる、と考えられている。

ここにいう「品質特性」を、ＰＬ法二条二項のＡ「製造物の特性」に相当するものと解する。これが二条二項の科学技術的な解釈である。

これからはその説明だが、「過失」という語が出てきて、この章の最後に至るまで重要なカギをにぎることになる。過失とは何かというと、従来の不法行為法学が説くように、「今日における過失の概念は、回避すべきものを回避しなかったという意味で、意思を当然の前提としている」[10]。まず、製造業者は、製造物を生産し供給する「意思」がある。製造業者であること自体、その意思の表示であり、製造業者であるかぎりその意思を欠くことはありえない。「回避すべきものを回避しなかった」というのは、一般に「過失」とは、つぎのことをいうから、その一つの表現である。

なすべき注意を怠ること

予見可能であるのに、不注意で予見しないこと

回避可能であるのに、不注意で回避しないこと

そこで、人が行為するときの注意の仕方は、(11)

①まず、注意をはたらかせて、状況を認識する。(すなわち、状況認識の注意義務を果たす)。そこで、

②その行為が他人に損害を与える結果になるかもしれないことが予見できれば、そのまま行為するとその結果に責任を負わなければならなくなるので、注意をはたらかせて、その結果を回避するように行為する。(すなわち、結果回避の注意義務を果たす)。

もし、その人が、状況認識の注意および結果回避の注意を欠いて、他人に損害を与える結果になると、注意を欠いたことはその人の過失とされ、被害者に対して損害賠償責任を負う。

製造業者は、欠陥のない製造物を引き渡す意思をもって、製造物を生産する。そのための注意の手段として品質管理技術を用いる。

消費者がモノを買うときにも、注意して品質を吟味する。そういう消費者は、自然人(生物としての人)である。不法行為の法学は、「人」としてもっぱら、自然人を対象にしてきた。自然人が用いる注意は、生物としての人の視覚、聴覚、味覚などの感覚や、人間としての思考、洞察などであ

る。法律家たちは、そういう不法行為法学の教育を受けていて、製造業者が用いる注意も、一個の自然人が用いるそれと同じようなものとみがちだが、現代の製造業は、科学技術の領域の品質管理技術を利用するところに決定的な違いがある。

不法行為の法学は、「通常の人」が用いる注意を、過失の有無を判定するときの基準としてきた。不法行為法の流れをくむＰＬ法は、暗黙のうちに「通常の製造業者」を想定しているはずで、それを具体的に定義するなら、必然的につぎのようになる。

通常の製造業者とは、欠陥のない製造物を引き渡す意思をもち、一般に受け入れられている基準による品質管理技術を手段とする注意を用いて、製造物を生産する者をいう。

いまの日本で、品質管理のＪＩＳは、一般に受け入れられている品質管理技術の基準だから、それを参照してＰＬ法の「製造物の特性」を解釈するのは、通常の製造業者として当然のことである。法解釈としても、後からつくられたＰＬ法に関することが、前から存在する法律である工業標準化法に規定されているのだから、ＰＬ法の解釈にそれを参照するのが常道であって、工業標準化法を無視するようなことは邪道というものである。

ここまで、二条二項のうち「製造物の特性」に焦点をあわせてきたのだが、二条二項の全体、すなわち製造物の「欠陥」の定義を、確認することにしよう。

明晰な表現は、明晰な理解を生む。このことは、法律も科学技術も同じである。そして法律家と技術者の共通の理解のためには、双方にわかる表現が必要である。法律の領域では、法律用語による叙述文が用いられるが、しばしば技術者には難解である。科学技術では、数式による表現が用いられるが、A～Dの解析にかりに数式表現が有用でも、数式を苦手とする法律家の共感は得られそうにない。

そこで、双方に理解されるような、単純な記号表現をこころみた(3)。欠陥を定義する二条二項は、すでに分かち書きされている(表3.1)。これを記号で表わし、欠陥***D***と、A～Dを要素とする安全性欠如Uとの間に、式(1)のように、合同関係があると考える(表3.3)。欠陥と安全性欠如は、等号(＝)の関係よりもむしろ合同(≡)の関係にある。「欠陥」と「安全性欠如」とは、同質の概念ではないから、等号で結ぶことはできない。「ある一定の安全性欠如」があったときに、それを「欠陥」と評価する。つまり合同の関係であり、その「ある一定の」を決めるのがA～Dの要素である。この記号式を見ながら、A～Dの解説をする。

表3.3　2条2項の記号表現

$$\boldsymbol{D} \equiv U\,(\mathrm{A},\ \mathrm{B},\ \mathrm{C},\ \mathrm{D}) \qquad (1)$$

$$\mathrm{A} > 0$$

$$\mathrm{B} \geqq 0 \quad \mathrm{C} \geqq 0 \quad \mathrm{D} \geqq 0$$

まず、A「製造物の特性」は、人間による製造物の認識として、「製造物の特性」のない製造物は存在しない。このことは公理(axiom)、すなわち証明不能の、または証明を要しない自明の真理である。したがって、Aはつねにゼロより大きい、すなわち、製造物の「欠陥」の主張・立証には、Aはつねに考慮される。

B、C、Dは、科学技術を持ち出すまでもないことで、解釈の困難はなく、つぎのように解される。

Ｂ「通常予見される使用形態」は、被害者側の要素である。事故は、使用形態にかかわりなく起きることがあり、その場合、この要素は考慮するまでもない。しかし、異常な使用の仕方をして事故が起きた場合は、製造業者を一方的に責めるわけにはいかないから、被害者は、自分の使用形態が「通常予見される」ものであったと主張するであろう。つまりＢは、多くの場合、考慮される要素である。

Ｃ「製造業者等が当該製造物を引き渡した時期」は、ＰＬ法適用の基準時であり、一つには、ＰＬ法施行前に引き渡された製造物にはＰＬ法は適用されない(付則一号)。被害者は、事故が起きた製造物を特定するについて、いつ、どこで、入手したかを主張するであろう。それに対して製造業者は、その製造物を市場へ出したのがＰＬ法の施行前であれば、その旨主張してＰＬ法の適用を免れようとするであろう。もう一つは、製造業者が引き渡し時の科学技術によっては欠陥を認識できなかったときの免責(四条一号)がある。Ｃはこうして、考慮されることもされないこともあるという要素である。

Ｄは「その他の事情」だから、そういう事情があれば考慮され、なければ考慮されない。

以上、記号表現の式(1)を示したうえで、叙述文で説明した。叙述文だけでも説明にはなるが、式(1)がない場合を想像すると、より確かな説明になるといえるであろう。従来の解釈に比べてかなり異なるのだが、法律家の論理と矛盾しない説明によって法律家にも理解され、そうすることで共通の理解が現実のものとなり、科学技術に関係する法律の、より合理的な運用が実現する。ここに示した記号表現は、一つの努力にすぎない。要は、日本の法律家と技術者の間には、百年間にわたる相互の排他的な専門分科によって定着した、計り知れないほどの乖離が存在するのだから、手を変え品を変え相互理解のための努力の積み重ねが必要である。

つぎに、この科学技術的な新解釈を具体的な事件に適用してみよう。

松下カラーテレビ発火事件(12)——裁判官の感覚

ＰＬ法公布直前の九四年六月、不法行為法のもとで、ＰＬ法への転換期を象徴するかのような積極的な消費者救済の判決がなされた。

火災の発生した八八年(昭和六三年)三月といえば、ＰＬ法施行の六年前のことである。原告(太子建設工業株式会社)は、その代表者個人の営業を八六年に法人化し、建築、不動産売買および賃貸などを営み、代表者が所有する鉄骨造り共同住宅が八七年七月に増築され、そのときからその二階部分の二〇一号室に事務所を移転し、その際、代表者の友人からテレビを贈られていた。火災はそのテレビの発火によるものとして、テレビのメーカーである被告(松下電器)に対し、約七三〇万円の損害賠償を請求する訴えを提起した。裁判所は、被告の責任を認め、火災による損害のうち不動産は火災保険があったからそれ以外の、事務所の備品の焼損、その焼損および建築関係の書類の焼失により受けた損害、一階店舗部分を借りて営業していたナイトパブが放水により受けた損害、および弁護士費用として、約四四一万円の支払を命じた。

表3.4　松下カラーテレビ発火事件の判断

① 火災はテレビ本体の発火による
[証拠] * 女子事務員の目撃 * 焼損状況 * 消防士長による火災原因判定意見書，実況見分調書など
② テレビは合理的利用中に発火した
[証拠] * テレビの利用は，合理的利用の範囲内である. * このテレビは87年6月製造，電気店で購入されて同年7月に原告に贈与されてから，火災まで8ヶ月程度しか経過していない. * その間，原告が内部構造に手を加えたり第三者が修理した　などの事実は認められない.
③ それは，不相当に危険と評価すべきである
④ 利用時の製品の性状が，不相当に危険と評価されれば，その製品には欠陥があるというべきである
⑤ 製品に欠陥のあることが立証された場合には，製造者に過失のあったことが推認されると解すべきである

この事件での裁判所の判断は、つぎのとおり段階をふんだ五つの要点からなるようである(表3.4)。

第一点　火災はテレビの発火による

① 女子事務員の証言は、テレビ本体から発煙、出火したことを認めた旨の直接証拠として、その信用性を肯定すべきである。

女子事務員が一人で事務所の事務室内で執務していたところ、隣の応接室からドア越しにパチパチというような音が聞こえたので、ドアを開けて確かめると、テレビ本体後部から黒煙が出ていた。そこで、テレビの故障だと考え、テレビを注視しながら、取引のある電気店に電話をかけようとしたが、呼出音が鳴る間に煙が増えたので、火事になると思って電話を切り、一一九番通報した。それから、テレビの電源を抜かなければと、テレビが爆発するかもしれないとの恐怖を感じながら、二口コンセントから、テレビと石油ファンヒーターの電源コードのプラグをいずれも引き抜いた。その際、コンセント部分に熱は感じられなかった。ついで事務室に戻り、事務所のブレーカーを下ろし、煙がかなり侵入してきている事務室から権利証などの重要書類や自分の手荷物を持ち出したのち、建物の非常ベルを鳴らして屋外に待避した。その後、消防車が到着し、消火活動が行なわれた。

② 消火後の焼損状況は、事務室の焼損は表面のみで、テレビがあった応接室は、壁および天井の内装材である石膏ボードはほとんど落下していたが、テレビが設置されていた北西角部分の焼損が強く、遠ざかるほど弱い。「テレビの残骸は、キャビネットがすべて焼失し、金属製のブラウン管保護枠が床面上に焼残しているだけ、テレビとしての原形を全くとどめない状態である。(中略)内部の部品も粉々に焼散するほどの、徹底した焼損状態を呈していること、応接室内で他にこれほど強く焼損した物品は認められず、テレビが置かれていたテレビ台の焼損の程度もテレビに比して弱いことや、他に、火災の原因となった具体的可能性のあるものを指摘できないなど、客観的焼損状況からも、火災は、テレビの発火によるものであることが強く推認される」。

③ 消防士長による火災原因損害調査報告書は、出火場所を応接室としながら、出火原因、発火源とも不明とし、また火災原因判定意見書は、結論において火災の原因を不明としている。しかし意見書は、他の原因の可能性を否定したうえで唯一テレビについて火災の原因となった可能性がある

と指摘しながら、テレビが焼失していて部品の絶縁状況やハンダ付けの状況を見分することができないから、明確な論述はできないとしたもので、発火源がテレビであった可能性が高いことを推認させる内容である。

④ 被告の主張は、火災原因は、原告側がテレビの電源コードを不正に使用し、あるいは不注意に取り扱ったことにより、電源コードに短絡が生じたことにあり、掃除の際に女子事務員が、テレビ台の底部等に挟まれた状態の電源コードを強く引っぱって無理な力を加えることなどを繰り返したため、電源コードに短絡が生じ、その火がカーペットに着火して燃え広がったとする。しかし、女子事務員の証言、およびブレーカーが女子事務員が操作するまで作動しなかったことから、電源コード部分で短絡が生じた可能性はきわめて低い。

⑤ 被告の主張は、電気用品取締法上の製造事業者登録を行ない、この形式のテレビについて、材質、形状、構造等が通産省令の定める技術上の基準に適合することを確認する旨の型式承認を受けていたこと、この形式のテレビについて安全性を確認するため実験を行なったが発火にいたらなかったことから、このテレビから発火したことはありえないとする。しかし、この形式のテレビ一般の安全性と、個々の製品についての欠陥原因の有無とは別問題であること、このテレビの場合、待機状態でも、電源トランス部分には一〇〇ボルトの電圧がかかっており、電源トランスをへて、マイクロコンピュータ等には最大二八ボルトの電圧がかかっているから、それらの部分に欠陥原因があれば発火する可能性が絶無とはいえないことから、テレビから発火したとの認定の妨げとなるものではない。

以上①〜⑤を総合すると、この火災はテレビ本体の発火によるものであると認められ、これを覆すに足る証拠はない。

第二点　テレビは合理的利用中に発火した

① テレビ(TH−21S1型カラーテレビ)は、被告が八七年六月に製造し、原告の事務所移転の際、代表者の友人が電気店で購入して贈ったもので、使用されるようになってから火災まで八カ月程度しか経過しておらず、その間、原告が内部構造に手を加えたり、第三者が修理等をしたとの事実は認められない。

② テレビ台にのせて応接室に設置し、床近くの二口コンセントにプラグを差し込んだままリモコンで操作していた。さほど頻繁には利用されず、終業時間のころなどに、たまに利用される程度であった。このようなテレビの使用状況は、合理的利用の範囲内である。

第三点　それは不相当に危険と評価すべきである

テレビは、きわめて普及率の高い代表的な家庭電化製品である一方、高度に電子化され、映像回路には二万ないし三万ボルトもの高電圧が用いられた部分もあり、欠陥原因があれば発火に至る可能性がある。自治省消防庁防災課の統計上も、八六年度から八九年度までの間、テレビを原因とする火災が全国で毎年ほぼ五〇件前後発生したとされている。利用者が所有するものであっても、その構造上、内部は利用者の手のとどかない、いわばブラックボックスというべきものであって、社会通念上、その利用に際し、利用者が安全確保のため特段の注意を払わなければならない製品であるとも、何らかの危険の発生を甘受すべき製品であるとも考えられていない。テレビには、合理的利用の範囲内における絶対的安全性が求められるというべきである。それが合理的利用中に発火したと認められるから、不相当に危険と評価すべきである。

（「不相当《ふそうとう》に」とは、製造物には危険がありうるもので、ある程度までは容認される危険に相当するといえようが、その程度以上に危険なもの、というような意味であろう）。

第四点　利用時の製品の性状が、不相当に危険と評価されれば、その製品には欠陥があるというべきである

製品が不相当に危険と評価される場合には、そのような危険を生じさせた何らかの具体的な機械的、物理的、化学的原因（欠陥原因）が存在するはずである。前述のとおり、原告が内部構造に手を加えたり、第三者が修理等をしたとの事実は認められないから、その欠陥原因は、被告がこのテレビを流通に置いた時点ですでに存在していたと推認される。

第五点　製品に欠陥のあることが立証された場合には、製造者に過失のあったことが推認されると解すべきである

被告に課せられた安全性確保義務は、きわめて高度なものであるから、単に注意深く製造したことを一般的に主張立証するだけでは不十分であって、不相当な危険を生じさせた欠陥原因を具体的に解明するなどして、右の推認を覆す必要がある。被告の立証によっては、推認は覆らない。

考察

この判決が出たのは九四年(平成六年)三月二九日で、政府がその年の七月のPL法成立に向けて法案を取りまとめている段階だった。当時、不法行為法のもとでの製造物責任訴訟の状況を、この判決を報じた新聞はつぎのように述べている。(13)

これまで、自動車など製造物の欠陥をめぐる同種の損害賠償請求訴訟では、製品の欠陥と製造者の過失という二重の立証責任が原告側に負わされてきた。厳密な証明が求められる司法の場で、原告が複雑な構造の欠陥を立証することは困難で、事実上、司法救済の道は閉ざされてきたといえる。

ここに「製品の欠陥と製造者の過失という二重の立証責任」を負うというのは、不法行為法のもとでは、事故の原因である「製品の欠陥」をもたらした「製造者の過失」を立証しなければならないことを指している。それだから、新聞はこの判決を、「PL法案の趣旨先取り」(日本経済新聞)、「PL法の精神先取り」(読売新聞)、「PL法の理念先取り」(朝日新聞)と高く評価した。

この判決の論法は、証拠の中心であるはずのテレビは焼失してしまっていて、事実にもとづく立証は、第一点「火災はテレビの発火による」、第二点「テレビは合理的利用中に発火した」ところまでで、あとは「……べきである」という推論でつないでメーカーの過失を認定している。この事件は控訴審段階で和解したのだが、一般に保守的な裁判所のことだから、控訴審の判決へ、さらに最高裁へと進んでいたら、どうなったか、覆されはしないか、という懸念がないとはいえない。ジャーナリズムの支持は、必ずしも法廷での勝利につながらないのである。その後、大阪地裁は、PL法施行前に起きたシャープ株式会社のテレビの発火事件について、平成九年九月、この事件とほとんど同じ論法で、損害賠償の請求を認めている⒁。この事件も控訴審で、一審判決の翌月に和解が成立した。請求額約九千五百万円に対し、一審の判決額は約二千二百万円、和解金は約六千五百万円という⒂。しかし、後続の判決が同じ論法だからという理由だけでは、判決の正当化にはならない。松下カラーテレビ事件の判決の後、法律家による判例評釈が出る。それらを読んで思うことだが、この判決の評価について、もう一つはっきりしないところがある。それで、手がかりとして、裁判所の判断を五段階に分けてみたのである(表3.4参照)。

ここで問題を二つに分けよう。

一方は、「製品に欠陥のあることが立証された場合には、製造者に過失のあったことが推認されると解すべきである」という論法の正当性である。この判決が後世に残ると思われる理由の一つは、この大胆な、洞察的な断定にある。製品の「欠陥」と製造業者の「過失」の間に、どのような関係があるか、この推認が正しいかどうかは、あとで検討する(後出一二五頁参照)。

他方は、「欠陥」の立証である。

判例評釈の一つは、この判決は「テレビが合理的利用中に発火したこと、それ自体を欠陥ととらえている」というのだが⒃、そうではない。判決は、「テレビは合理的利用中に発火した」、それは「不相当に危険」なことだから、「その製品には欠陥があるというべきである」、というのである。テレビから発火したことと、欠陥があったこととを、分けてとらえている。

判決の論旨は、こうである。

判決はまず、「欠陥」とは「利用時の製品の性状が、社会通念上製品に要求される合理的安全性を欠き、不相当に危険」であること、と定義する。この定義は、ＰＬ法二条二項のうち、Ａ～Ｄを除く本文と同じである(表3.1参照)。この判決がＰＬ法を先取りしたというのは、そのことなのだろう。この時点では法律になっていないから、〝推認〟と称して断定した。

ついで、判決は、「欠陥」をもたらす「トランスの巻線不良やトランス内へのハンダ屑の混入、部品の取付不良など」を「欠陥原因」とよんでいる。ＰＬ法には見当たらない用語だが、これは何だろうか。この判決の問題点は、「欠陥」と、テレビからの発火と、「欠陥原因」という三つをつなぐ論理が明瞭になっていないところにありそうである。

ここに潜む問題を解く糸口を手繰ってみよう。

升田著に、ふと一言、「テレビから発火すること自体、常識的に考えてテレビの欠陥であると考えられる」とある(17)。「常識的に考えて」ということが科学技術の多くを育ててきたのだから、この一言を大切にしよう。人はときに、本能的、直感的、常識的に判断し、あとで合理的な説明がついて、正しいとわかることがあるものである。

ここまでに出てきた語を並べてみる。

イ　テレビから発火すること

ロ　トランスの巻線不良

ハ　トランス内へのハンダ屑の混入
ニ　部品の取付不良

こうしてみると、イと、ロ〜ニとでは、性格が異なる。判決はロ〜ニを「欠陥原因」といい、「テレビから発火すること」はその結果、と考えているのだが、そのとおり原因と結果の関係にある。品質管理技術のうえでは、イは「品質特性」、ロ〜ニはそれをもたらす「因子」に相当する。物から発火する性質すなわち発火性は、一つの品質特性である。マッチや煙草ライターでは、発火性は有用な品質特性である。テレビでは、発火性は、あってはならないマイナスの品質特性である。そういう品質特性をもたらす因子が、判決にいう「欠陥原因」なのである。

そこで、イ「テレビから発火すること」を、二条二項のＡ「製造物の特性」に相当するとみる。そうすれば、升田著の一言は、語句を補足してつぎのようになる。

テレビから発火すること自体、常識的に考えて、ＰＬ法二条二項の「製造物の特性」に該当し、テレビの欠陥を構成するものであると考えられる。

判決に記載されているように、当時、テレビを原因とする火災が全国で毎年五〇件程度発生していた。そうであれば製造業の通念として、「テレビから発火する」ことが品質特性として取り上げられ、発火に関係のある因子を追求する観察や計測による品質管理が行なわれる。

この事件で、合理的利用中にテレビから発火した事実の立証が、そのテレビに発火性という品質特性があったこと、すなわち二条二項において、Ａ「製造物の特性」がそうであったこと、したがってそれを要素とする製造物の「欠陥」があったことの証明になる。

これが科学技術的な新解釈による判断だが(3、18)、この事件の判決も、升田著の「常識的に考えて」のことも、裁判官という専門職の、事件の問題点をかぎわける優れた感覚の所産であることを証明している。

ＥＣ指令の「製造物の欠陥」と比べる

日本のＰＬ法を、この項ではＥＣ指令と、次項ではアメリカ法と、それぞれ比べる。外国法との対比によって、日本における外国法の消化の仕方がわかるとともに、日本法の性格が明らかになる。日本のＰＬ法は、国際的な法の平準化の要請も強く作用して、法案の策定段階からＥＣ指令との対比がなされてきた(19)。グローバル化の時代、製造物が国際的に自由に流通するには、製造物について負うべき責任について、どの国も同じような内容の法をもつようにするのが望ましいのである。ＥＣ指令は、一九八五年七月二五日付であり、日本のＰＬ法は、九四年七月一日公布、翌九五年(平成七年)七月一日の施行である。日本法には、わが国独特の規定も一部にみられるものの、基本的にはＥＣ指令の系譜にあるものとされている(20)。

製造物の「欠陥」の定義について、日本法の立案時の事情に立ち入っている升田著は、つぎのように述べている。(21)

ＥＣ理事会指令と比較すると、基本的に同じような考慮事項を明記しているような印象を受ける

表 3.5　EC 指令 － 製造物の「欠陥」

①翻 訳

第６条①　製品は、以下の事情を含むすべての事情を考慮したうえで、人が正当に期待できる安全性を欠く場合に、欠陥があるものとする。
(a) その製品の<u>表示</u>
(b) その製品の合理的に予見できる用途
(c) その製品が流通に置かれた時期

②原 文

Article 6
1. A product is defective when it does not provide the safety which a person is entitled to expect, taking all circumstances into account, including:
(a) the <u>presentation</u> of the product;
(b) the use to which it could reasonably be expected that the product would be put;
(c) the time when the product was put into circulation.

が、これは、印象だけでなく、製造物責任法の制定の経過における欠陥をめぐる議論の経過、規定の文言等を考慮すれば、実体も基本的には同じであるということができる。

ＥＣ指令の日本語訳(表3.5)を、日本法と比べると、条文の構造はほとんど同じで、ＥＣ指令の(b)、(c)は、日本法二条二項のＢ、Ｃ(表3.1(2)参照)と、実質的に同じである。日本法には、ＥＣ指令にはないＤ「その他の当該製造物に係る事情」が付加されており、このことはあとで述べる。

注目されるのは、ＥＣ指令の(a)と日本法のＡの、表現の違いである。日本語のものを比較すると、ＥＣ指令は「製品の表示」、日本法は「製造物の特性」だから、明らかに異なる。ＥＣ指令に準拠したとされながら、なぜ立案者はここだけ異なる規定を採用したのだろうか。

これから述べるのは、ＥＣ指令のpresentationという英語に「表示」という訳語が当てられていることをめぐる問題である。たった一語の解明にしては長々しいが、製造物責任の法を理解するカギをにぎる語の一つと思われるので、注意して読んでいただきたい。

日本法がＥＣ指令とは異なる規定を採用した経緯を、升田著はつぎのように述べている。(21)

（日本法の規定をＥＣ理事会指令と比較すると）、異なる点は、製造物責任法においては、「製造物の特性」が考慮事情として明記されているのに対し、ＥＣ理事会指令においては、「製造物の形相」（"the presentation of the product"の訳語であり、「製造物の外観」等と訳されることもある）が明記されていることである。ＥＣ理事会指令の「製造物の形相」の意味が必ずしも明らかでないが、これが製造物の種類、あるいは表示・警告を含むものであれば、「製造物の特性」と実質的に異なる考慮事情ではない。

升田著にはこうして、「ＥＣ理事会指令の『製造物の形相』の意味が必ずしも明らかでないが」、と書かれている。この著作はＰＬ法立案者の手になる率直な記録だから、後に続く者がこうしてＰＬ法の検討をするための健全な基礎になりうるのである。

ここでpresentationの訳語が、「形相」になっていることに注目願いたい。なぜこのような日本語が用いられたかというと、これは憶測だが、日本法三条三項などに「氏名等の表示をした者」という表現があり、その「表示」とこれとは違うという認識があってのことなのだろう。

「不実表示」とか「虚偽表示」という日本語がある。「不実表示」は、真実でない表示をいい、「虚偽表示」は、真実でないことを知りながらする表示をいう。この二語に対応するのがつぎの英語であることは、よく知られている。

misrepresentation　　不実表示
false representation　　虚偽表示

この訳語が示すように、representation は「表示」に相当する。経済企画庁による解説書に掲載されている日本法の英訳で、「氏名等の表示」は「representation of name, etc.」と翻訳されている[22]。ここでも「表示」は representation であり、このことはすでに確定した知識である。

そうすると、presentation という語は、representation から接頭語の「re-」が消えた形だが、何を意味するのだろうか。この接頭語があってもなくても意味が同じということはないから、同じ訳語でよいはずはない。そうすると、前掲の翻訳(表3.5)で presentation が「表示」になっているのは正しくない。

この疑問を解決する糸口として、法学部卒業の知識からは、日本の手形法（および小切手法。以下同じ）が思い浮かぶ。名古屋大学で平出慶道教授は、その師、鈴木竹雄の古典的な著作『手形法・小切手法』[23]をテキストに用い、講義のなかで、「日本の手形法・小切手法は、条約の翻訳です」と話された、と記憶に残るのである。

このことに詳しくふれるのは、外国法を参照して日本の法律がつくられた例は数限りないが、翻訳そのものが日本の法律になった例は珍しく、いまグローバル化時代が到来し、新たな意義が見いだされると思われるからである。

鈴木著を見ると、手形法・小切手法の立法のいきさつが書かれている。

一九世紀後半から、手形・小切手法を統一する必要が唱えられ、一九一〇年と一九一二年、オランダ政府の主宰のもとにヘーグで手形統一会議が開かれた。そのとき合意された手形法の統一条約に、英米を除く二十七カ国が調印したが、批准が終わらないうちに第一次大戦によって中断された。その戦後の一九二〇年、ブラッセルの財政会議の発意で国際連盟の経済委員会がこの問題を取り上げた。その作成になる統一規則について、一九三〇年、ジュネーブにおける「為替手形・約束手形および小切手に関する法律統一のための国際会議」の第一回会議で、英米を除く三十一カ国による条約が成立し、七十八カ条からなる統一規則を、原文(英文および仏文)または自国語で施行することになった。

この条約に参加した日本は、昭和七年(一九三二年)に手形法を、昭和八年に小切手法を制定した。それらは、「統一規則を翻訳したもの」に付則を加えただけだった。「英文および仏文」で書かれた条約の翻訳そのままが、日本の法律になったのである。

企業活動に関係する法律で、最も親しみ深いものといえば会社法だろう。会社は、現代の産業経済の主要部をになっている企業形態であって、それの法律という重要性があり、明治三二年(一八九九年)に施行以来、社会の実情に合わせるために度重なる改正がなされてきた。第二次大戦後、占領軍の影響下での昭和二五年(一九五〇年)改正は、「従来ドイツ法系に属していたわが国の株式会社法に、きわめて多くのアメリカ法の制度が取り入れられた」(24)。昭和二五年の時点で、英語でのアメリカ法と日本語での日本法の接触があったのである。しかし、アメリカ法から日本法への移し替えが、日本法の定型で理解された範囲にとどまったから、アメリカ会社法を理解するキーワードといえる重要な語で、いまも日本語の訳語がはっきりしないものがある(25)。つまり、英語で表現されたアメリカ会社法が、日本語で理解できるようにはなっていないのである。

そういう会社法に比べると、日本の手形法は、六十年前にグローバル化が実現していた。手形法では「表示」と「呈示」とが、つぎのように使われている。(関係のある語に傍点をつけた。)

第一条（手形要件）　為替手形は左の事項を記載すべし。

四　満期の表示

五　支払をなすべき地の表示

七　手形を振出す日および地の表示

第三八条（支払のための呈示）

②　手形交換所における為替手形の呈示は、支払のための呈示たる効力を有す。

こうしてみると、日本語での「呈示」と「表示」の使い分けがわかる。支払いを受けるなどのために手形を提出するのが「呈示」であり、その手形に満期日・支払地・振出日・振出地が「記載」されている、それが「表示」である。

これを製造物に当てはめてみると、ある製造物を市場へ出したり顧客に買ってくれるよう提出するのは「呈示」であり、その製造物に製造業者の氏名等や商品名・成分・用法・価格あるいは指示・警告を示すのは「表示」である。ＰＬ法の「氏名等の表示」(二条三項二号・三号)は、まさにこの後者である。

日本の手形法の条約原文は、一九三〇年のジュネーブ条約による統一規則であり、その基礎になった一九一二年のヘーグ会議の統一法について、赤木暁判事による仏文テキストからの邦訳がある(26)。全体を点検したわけではないが、本稿に関係する部分をみるかぎり、現行の手形法と同じ文章である。これを原文(27)と対照すると、「呈示」の原語は、仏文ではprsentation、英文ではpresentmentである。仏文と英文の違いはあるが、このような前例を考慮して、英語のpresentationは「呈示」としてよいであろう。

他方、手形法の「表示」の原語は、仏文ではindication、英文ではstatementである。『ウェブスター・ニュー・ワールド英英辞典』や『アメリカン・ヘリテージ英英辞典』でrepresentationをみると、法律領域での用法として、「事実の記載(statement)または暗示(implication)であって、口頭または書面により、一方の当事者が他方を契約へ誘うために行なう」とされ、記載(statement)との関係が示唆されている。representationにはすでに「表示」という訳語が定着しているのだが、手形法の翻訳の前例はそれと矛盾するものではない。

以上のことから、英語と日本語の間でつぎのように対応しているとみてよいようである。

presentation　　呈示
representation　表示

手形にせよ、製造物にせよ、「呈示」したものの「表示」には、不実表示(misrepresentation)や虚偽表示(false representation)があって物議を醸すのである。

ＥＣ指令の訳文に戻ると(表3.5参照)、presentationは「呈示」とするのが妥当といえよう。ＥＣ指令の「製造物の呈示」を、日本法は「製造物の特性」としたのだが、これはこれで適切な立法といえる。この用語なら、品質管理技術にいう「品質特性」に対応し、工業標準化法というその分野の法律に根拠をもつことになる。立法後の解釈でたまたまそうなったのは僥倖というよりも、立案者の鋭敏な感覚が「製造物の特性」という表現を選んだのだろう。

日本法二条二項のＡ「製造物の特性」は、「呈示」されるものの主要部分ではあっても全部ではない。憶測を進めて、製造物の実体という概念を用いると、つぎの関係があるはずである。

呈示　＝　実体　＋　表示

「製造物の特性」は、製造物の「実体」に着目したもので、「表示」はこれに含まれない。二条二項の規定にＥＣ指令にはないＤ「その他の当該製造物に係る事情」を加えたのは、適当な措置であり、そこに指示・警告などの「表示」が入るとみてよい。

アメリカ法の「製造物の欠陥」と比べる

日本法の「製造物の欠陥」はEC指令を直接のモデルにしているので、前項のEC指令との比較はわかりやすい。アメリカ法との比較はそうはいかない。

アメリカ法と日本法の間には、法の実体（法に盛られている内容）の違いと、法の表現や法の運用組織などの法制（＝法の形式）の違いという、二種類の違いがある。

PL法が前提としている大量生産・大量消費の製造物は、ほとんど例外なく、科学技術を利用している。科学技術には国・人種・性別などを問わない普遍性があり、科学技術を利用する製造物にも普遍性があって、国境を越えて流通する。製造物の「欠陥」が及ぼす危害も、アメリカ人と日本人とで基本的に異なるということはないから、国際的に拡散する可能性がある。

そういうことだから、グローバル化の現代、製造物の「欠陥」による損害についての法には、国際的な共通性が必要とされる。アメリカで発生したPL法が、EC（いまのEU）へ流れ、さらに日本へ流れて、それぞれの国で立法されるという現象は、そのことの表れにほかならない。アメリカ、ECおよび日本のPL法は、法の実体は共通し、しかしながら、法制による違いがある。

損害実額の何倍もの賠償を課す懲罰的損害賠償は、アメリカにはあって日本にはない。なぜアメリカにはそういう法制があるのか、日本人には理解できない。英国の中世に起源があり、アメリカ植民地でも英国におけると同様に、ごく自然に行なわれるようになったようで、法の実現に私人の役割を重視する精神に立つものだという(28)。この法制を、用語の面から検討してみよう。

日本語では「製造物責任」、アメリカではproduct liabilityといい、この二つが同じ意味をもつ、とわれわれは思っている。本書でもそのような考えで書き進めてきた。英語のliabilityは「責任」というわけだが、少し英語を勉強した人なら、responsibilityも「責任」であることを知っている。英語のこの二語は類義語でないのに、日本語では同じ訳語がつけられている（このほかにも「責任」と訳される英語があるが、ここでは二語にとどめる）。日本語では、どのような種類の責任も「責任」という広義の一語である。そういう広義の責任は、英語ではresponsibilityのようである。liabilityは、支払う責任といった「債務」を意味する。製造物の欠陥によって損害を与えた製造業者は、損害賠償を「支払う責任」を負う、というのがproduct liabilityだから、訳語としては〝製造物債務〟ぐらいのほうが適当なのかもしれない。

日本語の製造物「責任」は広義だから、製造物責任法という名の法律による懲罰（＝損害賠償）だけでなく、刑法の業務上過失致死傷罪による懲罰（＝刑罰）を含ませて不自然ではない（前出六一頁参照）。他方、アメリカのそれは、意味がそういうことだから、刑罰が入る余地はない。アメリカ人も日本人も、大きな損害を与えた製造業者には重い制裁を加えたいという懲罰の趣旨は同じで、日本では刑法という法制により、アメリカではproduct liabilityの法制による、という違いになっている。

法の目的や趣旨は同じでも、それを実現する法制には違いがありうるという観点から、アメリカ法における製造物の「欠陥」の定義を見よう。

「欠陥」は、アメリカでは判例の蓄積によって三つの類型がつぎのように識別されている(29)。

①製造上の欠陥……製造物の製造過程で粗悪な材料が混入したり、製造物の組立に誤りがあったなどの原因により、製造物が設計・仕様どおりにつくられず安全性を欠く。

②設計上の欠陥……製造物の設計段階で十分に安全性に配慮しなかったために、製造物が安全性に欠ける結果となった。

③指示・警告上の欠陥……有用性ないし効用との関係で除去しえない危険性が存在する製造物について、その危険性の発現による事故を消費者側で防止・回避するに適切な情報を製造業者が与えなかった。

このような類型について、つぎのように、その意義を否定はしないが、あまり積極的でなさそうな意見もある。(30)

製造物責任法は、製品の欠陥について、製造上の欠陥、設計上の欠陥、表示・警告上の欠陥という欠陥の類型を法律上の類型としては採用していないが、実務上そのような類型化が欠陥を判断するさいに有用であることを否定しているものではない。(中略) 欠陥の判断についての実務においては、このような欠陥を類型化して主張、立証されることが多いものと予想され、そのような類型化が実務上ある程度有用であることは、米国における欠陥に関する判例法の蓄積、わが国における欠陥をめぐる議論からみて、疑いのないところである。

ある製品の製造を一定の金額・経費の範囲内に抑えるために、ある品質検査、品質管理の過程を省略したり、より安価な部品・原材料を選択することがあるが（設計上の問題）、そのために、一定の割合で欠陥のある製品が製造されることがあり（製造上の問題）、この場合には、設計上の欠陥であるのか、あるいは製造上の欠陥であるのかを判断することが困難である。欠陥の類型が重なり合うような場合には、前記の欠陥の類型に従った判断基準によって欠陥を判断すべき合理的な根拠が失われることになる。

このような類別は、たしかに、日本法の規定に表現されていない。しかし、ＰＬ法の実体の共通性を考えると、日本法に明示はされていなくても、どこかに含意されているはずである。もちろん、二条二項の「欠陥」の定義がこの三つすべてを含んでいるとはいえるのだが、二条二項の条文にこの三つの類型を示唆する文言があるわけではない。もっと合理的な説明が必要である。

三つの類型は、見てのとおり、一番目のそれは製造、二番目のそれは設計、三番目のそれは指示・警告、というキーワードを持っている。製造物が市場に出るまでに、初めに設計が行われ、次にそれに従って製造される。いかなる製造物も、設計を省いて製造が行なわれることはありえない。その製造物に指示・警告がなされる。

これから述べることの結論を先にいうと、日本法二条二項の「欠陥」には、アメリカ法の三つの類型が含まれ、その上で、四条一号には、「設計上の欠陥」が関係し、六条の規定によって適用がある過失相殺（民法七二二条二項）には、「指示・警告上の欠陥」が関係する。三つの類型には、そういう区別にかかわる意義がある。

製造上の欠陥

不法行為法が過失責任であるのに対して、ＰＬ法は無過失責任であるといわれる。ところが、ＰＬ法制定以後の出版物に、その「無過失責任」という語が、つぎのように二つの意味に用いられていて、困惑する。

Ａ説　過失がなくても責任を負う

〈例1〉「製造物責任は、『欠陥』があれば故意・過失がなくても責任を負うという意味で、『無過失責任』と言われることがある」(31)

Ｂ説　過失の有無を問わないで責任を負う

〈例2〉「製造物の欠陥を要件として過失の有無を問わずに損害賠償責任を製造業者等に課す無過失責任の考え方」(32)

Ａ説とＢ説ではこのように決定的な違いがあり、どちらが正しいか確かめないで、「ＰＬ法は無過失責任である」というのは危険なことである。これからの説明でわかることだが、Ｂ説が正しい。

ＰＬ法以前の不法行為法学では、つぎのようにいわれてきた。(33)

過失責任主義というのは、故意過失に基いて他人に損害を与えた場合にのみ加害者が損害賠償責任を負うという立法上の主義であって、加害者に過失がなくても、加害者の行為によって損害が発生したという関係があれば、それだけで損害賠償責任が発生するという無過失責任主義に対するものである。

この記述は、「過失がなくても……損害賠償責任が発生」するのが無過失責任としていて、このような説が、ＰＬ法のもとでのＡ説へと尾を引いている。不法行為法は、あらゆる事故に適用される一般法だから適用範囲が無限なので、隅々まで調べてＡ説かＢ説かを見極めるのは難しいかもしれない。それに対して、ＰＬ法は、責任を負う当事者は製造業者に限定され、その製造物の設計、製造、そして引渡しまでの行為に限定される。その範囲内で、どちらが正しいか考えればよい。

ＰＬ法による損害賠償責任が発生するときは、損害を発生させる製造物の「欠陥」がある。したがって、「過失がなくても……損害賠償責任が発生する」といえるためには、「過失がなくても、欠陥が発生する」ということでなければならない。

製造業者は、欠陥のない一定品質の製品を生産するべく、品質管理を行なっている。それは欠陥のある製品が市場へ出ないようにするための注意の手段であり、その注意を怠る過失がないように管理する。もし、「過失がなくても、欠陥が発生する」とか、過失があってもなくても一様に欠陥が発生するというなら、現代ほとんどすべての製造業が品質管理のための組織を置き大きな費用をかけて実施している事実を説明できない。適切に品質管理を行なえば、品質が一定の規格限界内におさまり、規格外の不良品は確実に減少することがわかっているから、それを行なっているのである。品質管理に投じた人員や費用と、不良品の減少との関係を示すデータのファイルを保存している企業があるだろうが、いまの時代にそのファイルを出してきて説明する必要があるとは、製造業に携わる技術者はだれも予想しないに相違ない。

なるほど、過失がなくても製造物に欠陥が生じることは、ありそうなことである。しかしながら、過失がなければ欠陥は生じない、というのが一般原則であって、過失がなくても製造物に欠陥が生じる、というのは例外である。A説は、例外のほうを一般化するという誤りを犯している。「無過失責任」は、製造物の欠陥によって損害が生じたときには「過失の有無を問わず」に損害賠償責任を課す、というのが正しいのである。

品質管理については、すでに述べた。それは統計的品質管理（statistical quality control 略してSQC）の知識である。統計学を利用しているから、その名があり、あとの項で出てくるTQC（total quality control 総合的品質管理）の対である。

統計的品質管理を理解するには「専門的な訓練はほとんどいらない。常識でわかる。そして使いようによっては十分役に立つものである。それ自身で役に立つばかりでなく、それはまた、もっと進んだ方法」を理解するための基礎ともなる(34)。

「常識でわかる」ということの手始めに、統計学の入門書につぎのように書かれている(35)。

観測値には〝誤差〟がつきものであるが、そのような誤差にも二種類あって、一つは系統誤差、他の一つは偶然誤差と呼ばれている。前者は、測定結果に対してある定まった方式で影響を与える誤差で、そのしくみが解明されるならば除去可能なものである。現実にはそのパタンがなかなか分離できにくくて、ある程度の系統誤差の介在を余儀なくされることが多い。一方、後者の方は、観測値の得られるパタンがいかにはっきりさせたとしても、観測値というものに〝宿命的〟につきまとう誤差の部分で、いかに理想的な観測条件の下でも回避できないものと考えなければならない。このような偶然誤差にも何らかの法則があるだろうとして挑戦したのが、ガウス（筆者注 Gauss, Carl Friedrich: 1777〜1855）というドイツ人であった。

ガウスは、「正規分布(normal distribution)」とよばれるようになる概念を導く。正規（ノーマル）な誤差という意味の名称である。それを応用した品質管理技術では、ここにいう系統誤差を「つきとめうる原因（または、見のがせない原因）」とよび、偶然誤差を「偶然原因」とよんでいる[36]。このことは、すぐあとで説明する。

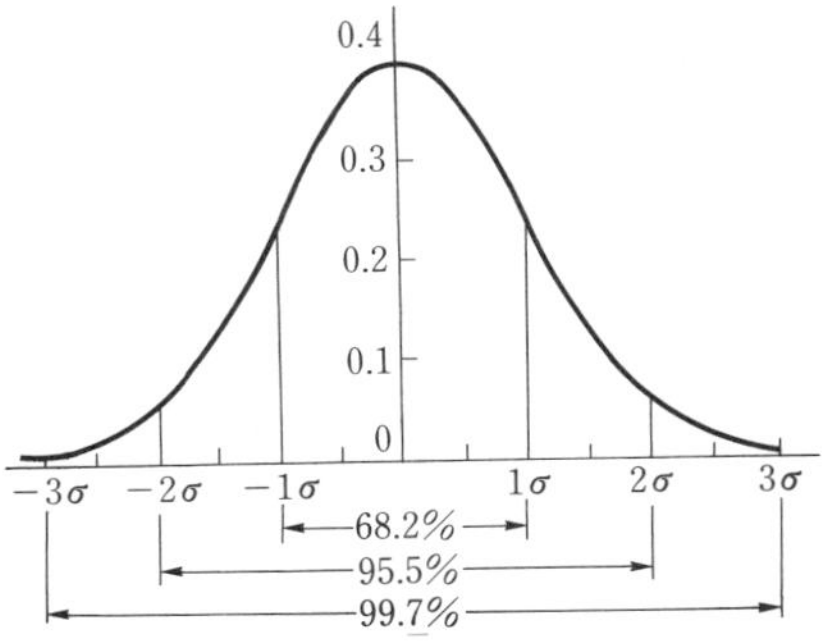

図 3.1　正規分布

　たとえば、人の身長にはバラツキがある。ある一群の同学年の学生の身長を測り、三センチ刻みにそれぞれの区分に入る人数を調べ、その度数分布を柱状グラフにし、多少のデコボコは問題にしないで全体の形を表すなめらかな線を描き入れる。かなりの人数を対象にすれば、その線が典型的には、平均値を挟んで左右対称の形になる(図3.1)。そのような典型的な分布が、正規分布である。

分布の平均値 $\bar{x}$（エクス・バーとよぶ）を中心とする広がりの程度いわゆるバラツキを、量で示すために、つぎの二つの値が用いられる。

範囲R

標準偏差(standard deviation)

範囲Rは、最大値と最小値の差だから、分布の広がりをそのものずばり示す。

標準偏差は、σ（シグマ）という記号で表される。平均値よりσだけ小さい値から、平均値よりσだけ大きい値までの範囲に、六八・二六％が分布し、同様にσの二倍をとった範囲（2シグマとよぶ）には九五・四五％が分布し、σの三倍をとった範囲（3シグマとよぶ）には九七・七三％が分布する(図3.1参照)。シグマ(標準偏差)は、そのような性格の値である。

連続して生産される一群の製造物の品質特性にも、そのような分布がありうる。「同学年の学生の身長」と違って、製造の品質特性は、人為的に調節し管理することができる。それが品質管理の作業である。

品質特性に影響する因子は、使用する原料、加工する方法、作業員の技能、測定方法など、細かく数えればおびただしい数にのぼる。それらの因子をチェックして、「つきとめうる原因（または、見のがせない原因）」を取り除くと、「偶然原因」のみの正規分布に近づく。3シグマを管理限界としたとき、限界外に落ちるものがほとんどない状態を、管理状態（または、安定状態）という[36]。生産される製品の品質特性の異常は、分布の形になって表れるから、それをもたらしている因子をつきとめて対処する。

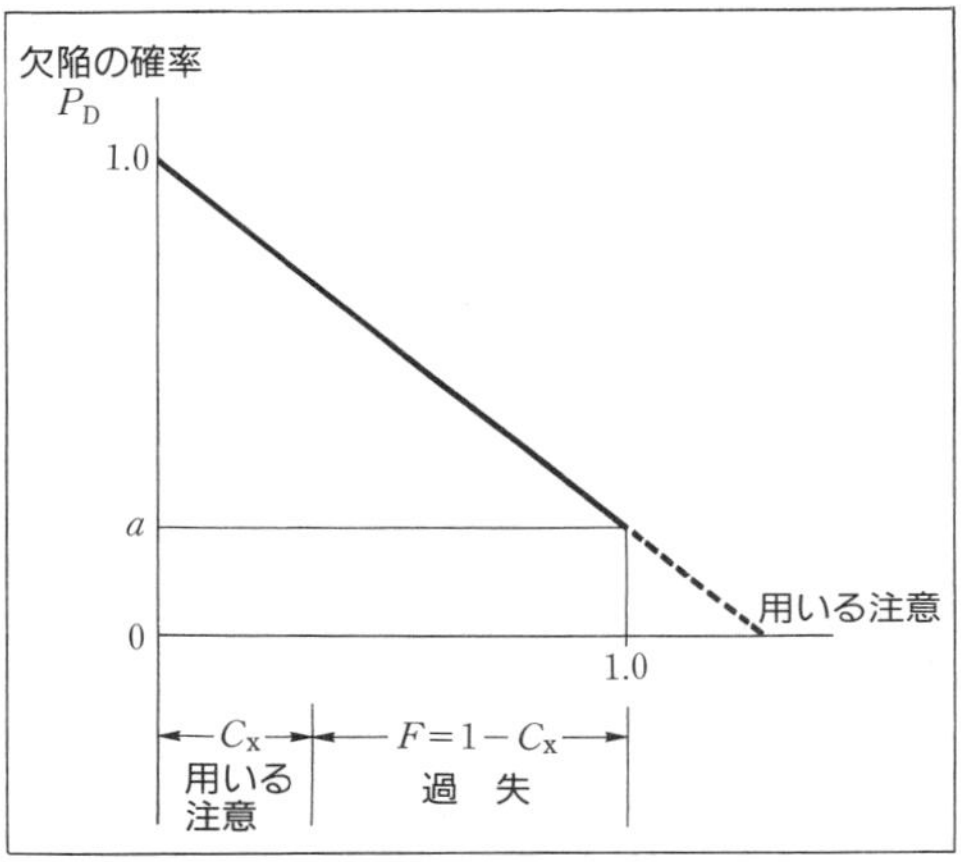

図 3.2　「過失」「注意」「欠陥」の関係

通常人（ここでは通常の製造業者）の注意能力(P_{st})と用いる注意(c_{st})を基準として，これを分母にとり，個々の製造業者がもつ注意能力(P)および用いる注意(c)を分子にとると，その比が，その製造業者の注意の程度（相対的注意）を表わす．すなわち，

$$\frac{c}{c_{st}}\cdot\frac{P}{P_{st}}=C \qquad (1)$$

そして，製造業者が注意義務を過不足なく遂行した場合つまり，過不足のない注意能力($P=P_{st}$)をもち，過不足のない注意($c=c_{st}$)を用いた場合，

$$\frac{c_{st}}{c_{st}}\cdot\frac{P_{st}}{P_{st}}=1 \qquad (2)$$

過失とは，通常人が用いる注意を怠ることだから，式(1)と式(2)の差が，過失(F)といえる．

$$F=1-\frac{c}{c_{st}}\cdot\frac{P}{P_{st}} \qquad (3)$$

つまり，用いる注意がC_xのとき，$1-C_x$の過失がある．これをヨコ軸にとる．

製造業者が注意を用いて製造物の「欠陥」を防止するのは，「欠陥」発生の確率を小さくすることであり，この確率をタテ軸にとる．

製造業者は、製品の品質特性を定め、それに影響する因子をつきとめて管理状態に導き、その状態を維持する。異常を見逃しあるいは異常に対応できない過失があれば、欠陥のある製造物が市場に出る。「製造上の欠陥」とはどの範囲のものをいうかについては、なお次項で検討するが、これはその典型である。

以上、現代の製造業者が用いる、品質管理技術を手段とする「注意」の原理であるが、より明確にするために、もう一つ図を利用する。

製造業者は、製品に「欠陥」が生じないようにするために必要な「注意」を用い、その注意を怠ることは「過失」とされ、製品に欠陥をもたらすことになる。この関係は、図のようになるはずである(図3.2)。ヨコ軸が注意または過失、タテ軸が欠陥が生じる確率である。注意を用いれば用いるほど、過失は少なくなり、欠陥が生じる確率が減少する。いいかえれば、過失と欠陥とが比例関係にあることを表現している。この作図の原理は、

① 用いる注意がゼロのとき、過失は最大になり、欠陥が生じる確率は最大になる。したがって、ヨコ軸上でゼロのとき、タテ軸は最大(=1.0)になる。

② 用いる注意が最大のとき、過失は最小になり、欠陥が生じる確率は最小(=a)になる。ここにaは、偶然原因の要素による欠陥である。

単純にこの①②の二点の間に線を引いただけだが、①②は〝当たらずといえども遠からず〟だから、この図は真理を表しているとみてよい。二点間の直線が、実際は上向きあるいは下向きの曲線

になるかもしれないが、要するに、その程度の変動の範囲内で比例関係にあることを示している。

ここまでくると、不法行為法とＰＬ法の関係について、つぎのことがいえよう。不法行為法のもとでは「過失」の立証が必要だったものが、ＰＬ法では製造物の「欠陥」の立証で足りることになった。この立証の転換は、「過失」と「欠陥」の間に比例関係がある場合には、きわめて自然である。どちらも法的効果は同じ、つまり被害者は救済を求めて、不法行為法のもとで過失を立証してもよいし、ＰＬ法のもとで欠陥を立証してもよいのだが、「過失」よりも「欠陥」のほうが立証しやすいところにＰＬ法の利点がある。不法行為法からＰＬ法への変化には、このような単純な論理が認められる。そのことについてさらにいえば、松下カラーテレビ発火事件で裁判所が用いた、「製品に欠陥のあることが立証された場合には、製造者に過失のあったことが推認されると解すべきである」という論法が、右に述べたような「製造上の欠陥」が関係する他の事例に応用できる可能性を示唆している。

付言すれば、かつて一定品質の製品の大量生産を実現する手段だった品質管理が、ＰＬ法が登場する時代には、製造物の安全性を確保する手段という色彩を帯びるようになっているのだ。

設計上の欠陥

ＰＬ法に科学技術が関係する一番目は、二条二項の製造物の「欠陥」の定義だった。

二番目は、製造業者が「引き渡した時における科学または技術に関する知見によっては、その製造物にその欠陥があることを認識できなかったことを証明したとき」は、その製造業者は免責されるとする四条一号である。二条二項の規定に科学技術という語はないが、この規定は「科学または技術」と明記している。

四条一項の免責が規定された理由は、こうである。

七省庁解説によれば、そのようなことについてまで「製造業者等が責任を負うことにすると、研究・開発及び技術開発が阻害され、ひいては消費者の実質的な利益を損なうことになりかねない」。升田著も同じ趣旨であり、「新製品の開発にあたっては、技術的、科学的に未知な危険が存在することは否定できないため、このような危険についてまで厳格な責任を製造業者等に負わせることが、新製品の開発を著しく阻害し、結局、社会全体の不利益につながるおそれがある」(37)。

言葉づかいに注目すると、「研究・開発及び技術開発が阻害され」、「新製品の開発を著しく阻害」というが、阻害されるのは直接には、製造業者の意思であり、それが開発の展開に影響する。

四条一号の問題点は、「引き渡した時」という時点は決まっているものの、その「時における科学または技術の知見」の基準をどうするかが、この規定の解釈の焦点である。七省庁解説は、「入手可能な最高水準の知識」で、かつ、「被告となった具体的な個々の企業の規模や技術水準によって左右されるものではない」とする。これらの論議を掘り下げよう。

第一の問題として、四条一号の対象になる「科学または技術」(以下、「科学技術」または単に「技術」という)の性格を確認しておく必要がある。升田著に、つぎの記述がある(38)。

開発危険の抗弁は、最先端科学・技術の水準が問題になる製品について問題になる。そのような科学・技術は、日進月歩であり、昨日の最先端科学・技術も今日、明日には陳腐化、一般化することも生じる。

この「最先端科学・技術」についての描写は、模範答案のように完璧にみえるが、具体的なイメージを描くことができているのだろうか、という疑問がある。科学技術が、「最先端科学・技術」と、「陳腐化、一般化」したものとに二大別されているのだが、偏った観念的な見方ではないだろうか。「陳腐化、一般化」の「陳腐化」とは、国語辞典によれば、古くさくなった様子をいう。たしかに、「最先端」の対語としては適切かもしれない。しかし、ここでの論議に適切だろうか。

科学技術の知識は、ある人あるいはある企業の研究開発の努力によって発生し、その後それがしだいに拡散して、ついにその領域における標準的な知識になる。全体をとらえるなら、一方の極に、絶えず変化し進化する先端的な研究開発型の知識があり、他方の極に、安定した標準化型の知識があって、その間は、太陽スペクトルの一連の色のように知識の段階は切れ目なしに連続している(39)。いま人間生活に利用されている科学技術のなかで、先端とか最先端というのは、一方の極の端のごくわずかな部分にすぎない。スペクトルの残りの広大な科学技術が、製造物など人間生活の利便を支えているのである。

JIS（日本工業標準）に標準化されている技術は、スペクトルの一方の極にある標準化型の技術である。品質管理技術も、そうである。製品の一定品質を保証して取引を容易にするのを目的とし、技術を標準化することによって、だれでも一定レベルの標準的な品質管理技術を利用できるようになっている。

それだからといって、実際の品質管理技術の水準が、すべての企業について同じというわけではない。一般的な水準を上回る品質管理を実現している企業もあれば、努力が足りないとか能力が足りないとかで、それを下回る企業もある。しかし、その分野の技術者なら、どのような水準の品質管理技術が、現時点で実現可能な最高水準であるかを、認識することができる。

この標準化型の知識の状況は、法律に似ていないだろうか。法律は制定されると改廃されるまではそのまま安定して維持され、法律についての学もまた、新しい法知識などというものを追求する努力はめったにしない。それだから、科学技術の場合のような研究開発型と標準化型という区分は、あまり意味がない。全体の見通しがきき、ある法律分野においてどのあたりが「最高水準」の知識かについて、法律家の間におおむね共通の認識がある。科学技術の知識のスペクトルは技術者には自明のことだが、法律家には認識が難しいのではないだろうか。

第二の問題点は、「入手可能な最高水準の知識」という、七省庁解説はじめ定説のように唱えられている基準である。升田著は、その基準をさらに詳しくつぎのように述べている(40)。（文中に出てくる〝開発危険の抗弁〟は、損害賠償請求があった場合に、製造業者が四条一号の免責を求める主張・立証を指す）。

開発危険の抗弁において判断の基準になる知見は、特定の者が、仮にその者が特定の分野において際立った専門家であっても、頭のなかで考えている段階の考え方までは含まれないものであり、教

科書、雑誌、研究報告書等の形でそのような知識等が社会的に客観的に存在していることが必要である。（中略）

このような科学または技術に関する知見によって、製品に欠陥があることを認識することができなかったかどうかを判断することになるが、その知見の水準は、入手可能な最高水準であることが必要であると解するのが相当である。（中略）この場合、知見の入手可能性が実務上問題になるが、科学、技術の情報に関する各種の検索システムが世界的に整備されている現在では、これはさほど困難な障害になるとはいえないであろう。

ここで、判断の基準になる知見は、「教科書、雑誌、研究報告書等の形で‥‥客観的に存在していることが必要」で、その中でも「入手可能な最高水準」とされている。

他の法律の例ではどうだろうか。

特許法は、特許を受けることから除外される発明を規定していて、そのなかに、特許出願前に国内・国外の刊行物に記載された発明(同法二九条一項三号)、および、その発明にもとづいてその技術分野で通常の知識を有する者が容易にできた発明(同条二項)がある。このいわゆる公知文献記載という基準は、科学技術の知識のレベルを判断する基準として、簡潔明瞭で、争いの余地の少ない、最も望ましいタイプのものである。

しかし、製造物責任法の場合に、この基準は望ましいだろうか。「入手可能な最高水準」という語に惑わされがちだが、公刊されていて検索システムで入手可能なら、最高かどうかに関係なく要するに公知文献記載である。特許における新規性の判断基準と何ら変わらないのである。製造業者が公知文献記載のレベルの注意を払わなかった場合にそれを過失とすることには、だれも異議はなくても、公知文献記載のレベルの注意を払ったことを立証すれば損害賠償責任を免れるとすることには、異議がありそうである。人の生命・身体を侵害する責任は、もっと重いのである。

ＰＬ法の対象になる製造物と、特許権の対象になる製造物とは異なるものではないから、この関係でさらに考察を進める。特許権が成立する過程を、手続の逆の順に並べると、つぎのようになるであろう(41)。(「Ｐ」は patent の頭文字を記号に用いてある)。

Ｐ１　特許権
Ｐ２　異議申立期間(特許法一一三条)の特許権
Ｐ３　出願公開(同六四条)されて、その期間中の発明
Ｐ４　出願したが未公開の発明
Ｐ５　出願準備中の発明
Ｐ６　研究は完成したが、出願に至らない発明
Ｐ７　研究中の発明
Ｐ８　研究に着手した事項
Ｐ９　アイデアの段階で、研究着手に至らない事項

この系列において、Ｐ３で公刊され、Ｐ２、Ｐ１は公刊状態である。升田著にいう「教科書、雑

誌、研究報告書等の形でそのような知識等が社会的に客観的に存在」する状態である。Ｐ４以前は、そうではないから判断の基準になる知見といえない、ということになる。

製造業者は、新規の知識のすべてを、研究報告や特許出願によって世に知らせるわけではなく、重要な部分を秘密のノウハウとして留保したまま利用することが少なくない。このＰ１〜Ｐ９の系列は、特許権について示したものだが、製造業者が新たな製造物のアイデアをいだいてから市場へ出して顧客を獲得するに至るまでの、その製造物についての知識は、これと変わらない成長の過程をたどるはずである。製造業者が積極的にみずからの意思で、欠陥のある製造物をつくるはずはない。Ｐ９やＰ８の段階ですでに、欠陥のない製造物をつくるための注意がはたらいているとみてよい。そのような注意を用いていなくて、そのことが立証されれば、過失と評価される。

要は、その立証の方法である。製造業者の意思の問題だから、世に知られていたことを問題にする特許の場合とは、立証方法に違いがあってよい。有力な証拠として、Ｐ４〜Ｐ９段階の社内記録がある。

民事訴訟法が改正され、九八年(平成一〇年)一月一日施行の新法では、文書提出義務が拡充された。それまでは提出義務のある文書が特定されていたのに対して、新法では、提出義務のない文書が特定され、それ以外の文書はすべて提出義務があることになった。加えて、不提出の場合の制裁が、より明確に規定され、厳格になった。

損害賠償を求める被害者が立証すべきことが、不法行為法では製造業者の過失であり、被害者に不利だったものが、ＰＬ法では製造物の「欠陥」に変更されて、その不利は解決した(前出九頁参照)。そのかぎりでは、改正された民事訴訟法の出番はない。しかし四条一号の関連で、Ｐ４～Ｐ９段階の社内記録について裁判所の文書提出命令を利用することがありえよう。

社内記録は証拠として重要である。しかし、社内記録は被害者の立証のために便利なように作成されてはいない。断片的な記録をつなぎ合わせて全体像を描くには、ここまでに述べたことだけでは足りない。四条一号を適用する基準をめぐる二つの問題点の検討を終えたとはいえ、まだ、その基準について結論を下すわけにはいかないのである。

四条一号には、科学技術の二つの面が潜在している。科学技術を利用して生産される製造物があって、それに存在するかもしれない欠陥を科学技術の知見によって認識する、ということだから、「科学技術」が二度出てくる。ここまでこの二つを区別しないで説明してきたが、以上に述べたのは欠陥認識の科学技術であり、もう一方の、製造物を生産する科学技術に目を向ける必要がある。

机上で法律論を思索する前に、われわれの周囲にある状況を思い浮かべていただきたい。

社会では、需要にこたえて絶えず新しい製品が出現し、それを支える科学技術もまた発展している。製品の水準と、科学技術の水準は、いわば、先を争って進む緊張関係にある。極端にいえば、どの瞬間にも、世界中のどこかで、最高水準の知識が誕生し、ひそかにそれを入手している者がいる。個々の企業が研究や情報収集によって秘密裡に手に入れ、秘密を維持することによって競争上、優位に立とうとする。そういう科学技術が、その企業がもつ知識という無形の状態で存在する一方で、そのうちのある部分を新しい製造物の開発に向けようという製造業者の意思が生じ、製造物の構想が始まる。

ある製造物が構想されてから、定常的に製造されるに至るまでの過程は、典型的にはつぎの三つに区分される。ここに出てくる「品質特性」は、製造物の欠陥を定義する二条二項のＡ「製造物の特性」に相当する(前出九四頁参照)。

① 設計段階（前半）……製造物の構想に始まり、その製造物の品質特性が製造業者の経営者の判断により設定されるまでの段階

② 試行段階……経営者が製造の実行を生産管理部門の手に渡し、品質特性がさらなる試行錯誤をへて確定するまでの段階

③ 製造段階（後半）……品質特性が確定してから後の、定常的な製造の段階

このような段階的進行は、人間が成果を目指して努力(＝行動)するところどこにでも見られる。たとえば新しい事業を始めるとき、どれほどの投資をすれば、どれほどの成果があるかは、事業計画は立ててみるものの、実際にそうなるかどうかわからないし、しばしば計画ははずれる。努力と成果の関係が、新規事業では、一定でないことが多いのである。そしてその事業が軌道に乗ると、設備・労働力・原料などの投入と、その事業からあがる収益との関係がはっきりして、一定の関係が認められるようになる。事業の進行についてのこのような一般的傾向を、製造物を生産する努力に

当てはめたのが右の三段階である。

一応の仮説として、③段階では、製造業者の「過失」と、製造物の「欠陥」が生じる確率とが、比例関係にあり、この段階の要因による欠陥が典型的な「製造上の欠陥」であることは、前項で述べた。①②段階では、欠陥は過失から生じているはずだが、その間に一定の関係が認められない。四条一号の免責がありうるのは、①段階の要因による欠陥についてであって、それが「設計上の欠陥」である。②段階の要因による欠陥は、「製造上の欠陥」の一種というべきか、免責の対象にはならないと思われる。

以上、製造物の品質特性を設定し確定するところに着目しての、四条一号の位置づけである。これを一応の仮説というのは、経験的に正当性を確かめるほかはなく、読者の方々にそれぞれの経験にもとづく感覚によって判断してもらいたい趣旨である。

もう一つの位置づけの方法は、品質管理技術の発展に着目する。

統計的品質管理(SQC)は、統計学の知識を応用したもので、その後、TQC (total quality control、総合的品質管理または全社的品質管理) へと発展する。TQC活動は、会社なら社長を頂点とし、経営目標を達成するため社内の全組織・全階層が参加して、〝QC的考え方〟を基礎に、仕事の質、経営の質、生活の質を向上し、企業体質の改善をしていく管理活動である(42)。

TQCはそういうものだから、製造物の欠陥のすべてにかかわる。そして、四条一号による免責の要素は、TQCからSQCを除いた残りの部分にある。SQCは、人の注意のかなりの部分を、計測とその統計的処理という品質管理の科学技術で置き換えたものだったが、四条一号がかかわるのは、社長を頂点とする経営者の意思決定で決められる事項の、科学技術が関係する部分である。これが品質管理技術の発展からみた、四条一号の位置づけである。

新製品を構想し市場への供給を実現する企業は、つぎの二段からなる注意義務を負っており、四条一号の免責にはこれを怠らなかったことの証明を要する、というのが以上に述べた観点からの提案である。

第一段……企業が、みずからの科学技術上の知識・経験・能力が、計画している新製品の開発に適するかどうかを、その開発に適する企業の通常の注意を用いて判断する義務

第二段……その企業が入手可能な最高水準の知識によって、新製品の安全性を確保する義務

このうち第一段は、企業が新製品を手がける場合に、こういう前提的な、重要な判断をするものである。「身のほどを知る」とは古来から人の行動規範の一つであり、それを製造業に当てはめた表現である。身のほども知らずに手を出し、開発した新製品に欠陥があって他人に損害を与えた場合、自己の知識・経験・能力についての判断を怠りまたは誤ったのだから、そのような過失があったと評価される。企業というものは一様ではなくて、企業がもつ科学技術の知識には、企業規模および専門性による格差がある。大企業は小企業よりも、その分野が専門の企業は非専門の企業よりも、「入手可能な最高水準の知識」のレベルが高い。しかしそれは一般則であって、例外がないとはいえ

ない。事件の審理にあたる裁判官は、製造業者が小企業だからとか、その分野では実績がないということだけで、その企業が軽率に着手したという予断をもってはならない。

第二段は、初めの「その企業が」を除けば、七省庁解説と同じである。第一段があるから、「その企業が」という語が入るのである。

用いるべき注意について「高度の」とか「通常の」という表現が使われる。松下カラーテレビ発火事件の判決には、「高度の注意義務」という表現が、つぎのように使われている(傍点は筆者による)。[12]

> 製品の製造者は、製品を設計、製造し流通に置く過程で、製品の危険な性状により利用者が損害を被ることのないよう、その安全性を確保すべき高度の注意義務（安全性確保義務）を負うというべきであるから、製造者が、右の義務に違反して安全性に欠ける製品を流通に置き、これによって製品の利用者が損害を被った場合には、製造者は利用者に対しその損害を賠償すべき責任、すなわち製造物責任を負う。（中略）
>
> テレビは、きわめて普及率の高い代表的な家庭電化製品である一方、高度に電子化され、映像回路には二万ないし三万ボルトもの高電圧が用いられた部分も存在する複雑な電気製品であること、それゆえ、絶縁性や耐久性に劣る部品が使用されたり、部品の配置が不適切であるなどの設計上の欠陥原因、あるいは、部品の工作不良や組付不良など、製造上の欠陥原因のあるテレビが製造され流通に置かれた場合、発煙、発火に至る可能性があること、自治省消防庁防災課の統計上も、昭和六一年(一九八六年)度から平成元年(一九八九年)度までの間、テレビを原因とする火災が全国で毎年ほぼ五〇件前後発生したとされていることが認められる。

右で認定したところによれば、テレビの製造者が設計、製造上の注意義務を怠れば、テレビの発煙、発火により火災を惹起し、利用者の生命、身体、財産に危険が及ぶ可能性があるのであって、テレビの製造者である被告に課せられた安全性確保義務は、極めて高度なものであるということができる。

この発火事件が起きた時点では、その形式のテレビは定常的な製造段階に入っていて、当時、テレビを原因とする火災が全国で毎年ほぼ五〇件前後発生する状況だったから、テレビから発火することが品質特性として設定されていた（はずである）。そうすると、この事件のテレビ・メーカーが用いるべきだったのは、テレビ製造業者の「通常の」注意であり、テレビのような複雑な電気製品ではそれが「高度の」ものなのである。「製造上の欠陥」に関係して製造業者が負う「高度の注意義務」は、分析すれば、そういう構成である。

指示・警告上の欠陥

日本の製造業はＰＬ法に対応するべく、途方もない大きなエネルギーを消費したのだが、そのはけぐちを概観する。

一般論として、日本の製品の優秀性は国際的に認められている。日本の製造業は総じて、製品の優秀性に自信がある。実際、欠陥のある製品は、優れた製品と評価されず、市場で売れもしない。それを支えてきた品質管理を含む生産管理技術は、優れたマニュアルになっている。日本の製造業の自信は、優れたマニュアル作りとそれを順守する作業についての自信であり、一流製造業の生産管理面での主要な特徴は、「マニュアル作りとマニュアル順守」にあるといえる。これからはいちいち「一流」とはいわないが、規模の大小にかかわらずそういう特徴の乏しい企業もないわけではないので、それらを除いてのことである。

以上を予備知識として、製造業の努力事項をみることにする。

①品質管理

先年、日本国中がＰＬ法で大騒ぎした時期に、ＰＬ法を解説した法律家たちが説いたわけではないのに、製造業の経営者は直感的に、大量生産のための品質管理がＰＬ法対策にも有用と明察した。ただちに、大量生産のためのマニュアルを点検し、要すれば多少の手直しをした。それが日本の製造業の中心的なＰＬ対策である。

②ＰＬ覚書

ユーザーが製造物を入手するには、二つのルートがある。

一般消費者がユーザーの場合、事故が起きて損害が生じるまで、消費者と製造業者は関係がない。損害が生じたときに、被害者・加害者の関係が生じる。これが、ＰＬ法上の損害賠償の性格である。

他方、企業がユーザーの場合、製造に使われる部品・原材料は、その製造業者との間の売買契約、購入契約などの契約によって入手することが多い。製造物の欠陥による損害は、契約法上の契約不履行の損害賠償になる。

このように説明すると、ＰＬ法と契約法とが、はっきり分けられる。ところが、契約はしばしば不完全である。細かいところまで規定していないとか、契約を結んでから月日がたって状況が変化し、実情に合わなくなる。契約にない、あるいは、契約が実情に合わないというのは、事故と同じだから、ＰＬ法が適用される余地がある。そういう場合、ＰＬ法と契約法のいずれかまたは両方によって損害賠償を請求することができる。

ここに取り上げるＰＬ覚書も契約書だが、いま述べたこととは別の問題である。ユーザー企業と製造業者の間では、通常、ユーザー企業のほうが優位にあり、取引をするかどうかを決定できる立場にある。その立場を利用して、ユーザー企業は自社の製品による事故について、部品・原材料の製造業者に賠償責任を転嫁したい。事故が発生する前にあらかじめその趣旨の覚書を要求し、それが製造業者にとって不合理な内容のとき、製造業者は苦悩する。顧問弁護士に相談すると、ユーザー企業が到底受け入れないような厳格な内容への変更を指導され、苦悩は深まる。

③ 警告ラベル

この項の主題である指示・警告の一つに、ユーザーに製品の危険を知らせる警告ラベルがある。たとえば、製品である機械装置に原料投入口があって、作業員などそれに近づく人が手を差し込むようなことをするとケガをするおそれがあるので、そこに「危険」という表示のラベルを貼る。車で走行する人たちへの道路標識のようなもので、ひと目で識別できる図柄が用いられる。運転免許を更新するときに配られる警察庁交通局監修の「交通の教則」に標示板、標識・標示などが図で示されているように、マニュアル化が容易である。

警告ラベルの表示方法には、ANSI(米国規格協会)、ISO(国際標準化機構)、通商産業省などのもの、これらに準拠した業界団体のものなど、マニュアル化が最高のレベルに達している。

④ 取扱説明書

これも指示・警告の一つである。製品の種類ごとに、その製品の個性を詳細に表示することになるので、警告ラベルのようなマニュアル化は困難である。

⑤ 製品安全データシート

化学物質について行なわれるようになったもので、製造業者が製品の危険性を評価して作成し、取引の相手方とその従業員、地域社会などに開示して安全性の確保を図る。アメリカのOSHA(労働安全衛生局)が規定するものなどがある。化学物質にとどまらず、他の製品にも普及している。データシートの形式を中心に、マニュアル化が容易である。

以上のうち②は、企業の組織では営業部、法務部、総務部などが担当し、それ以外の事項は、品質管理部を中心とする生産管理部門が担当する企業が多い。生産管理部門は「マニュアル作りとマニュアル順守」の花形だから、①③⑤ではその資質が十分に生かされる。

他方、④取扱説明書は、特定の製品について、わかりやすい文章や適切な図解によって表現する創造的能力を必要とするので、マニュアルで育った生産管理の技術者には、困難な課題である。

そういえば、③警告ラベルも、マニュアルに定型化された表示でよいのだろうかと、だれしも疑問を感じている。本来、PL問題全体が、かかわる人が法律家であると技術者であるとを問わず、定型に囚われない洞察を必要とするのである。

ここまでは、ＰＬ法と格闘する製造業のスケッチである。

「警告上の欠陥は、純粋な類型においては、製造上の欠陥がなくても、欠陥が肯定される」という説があるが(43)、「製造上の欠陥がなくても、欠陥が肯定される」などというあいまいな議論を許容してきたのは、おそらく、二条二項の製造物の「欠陥」の定義にあいまいな暗部があったせいだろう。科学技術の観点を加えた「欠陥」の解釈によれば、より明晰な議論をすることができるはずである。

ここからは、指示・警告という語の代わりに、より広い「表示」という語を用いることにする。

毒物は危害を生じる可能性を秘めている。だれもが毒物として認め、それだとわかれば普通の人はだれも服用しないものといえば、青酸カリの白色の粉末がある。青酸カリは、ある少量以上を服用すれば死に至る危害を生じるという「製造物の特性（＝品質特性）」をそなえている。もし製造業者が、その粉末をビンに包装し、青酸カリで毒物であることの表示をしないで、消費者が食塩かもしれないと思って使用し事故が起きたとしよう。これはもっぱら製造業者の過失である。

他方、製造業者が、青酸カリで毒物であることの表示をして、それでも消費者が誤って使用し事故が起きた場合、表示についての製造業者の過失と、表示があったにもかかわらず誤って使用した消費者の過失とがあり、製造業者の過失一〇〇％から消費者の過失一〇〇％まで、その間に連続の過失割合がありうる。全体の過失一〇〇％（図3.2の上では1.0）のうち、製造業者の過失が六〇％なら、消費者の過失は四〇%になる。賠償責任の結論は、六〇%のほうが四〇%より多いからすべて製造業者の責任になるのではなくて、PL法六条により不法行為法の過失相殺の規定(民法七二二条二項)を適用して、損害額が一億円なら四〇%相当の四千万円が減額されて、製造業者は被害者に六千万円を支払うことになる。

この例でのPL法二条二項の製造物の「欠陥」は、つぎのようになる。

A「製造物の特性」……その製造物の成分は青酸カリであって、ある少量以上を服用すれば死に至る危害を生じるという性質がある。

B「通常予見される使用形態」……被害者による使用形態は、通常予見されるものとは異なっていた。

D「その他の事情」……その製造物の表示には、誤認を許容する若干の余地があった。

この製造物は以上ABDを考慮して、通常有すべき安全性を若干欠くという「欠陥」があった。

製造物の表示は、消費者などその製造物を使用しようとする者に向けてなされる。消費者が注意を払えば表示に気づき、製造業者が表示に期待した効果が生じる。もし消費者が注意を怠れば、表示は役に立たないで事故が起きることになり、注意を怠った消費者が被害者になる。右に例示したのはそのことであり、表示は、過失相殺の対象となる性格をそなえている。

この章では一貫して、製造業者の「過失」と製造物の「欠陥」とが関係があるものとして説いてきた。その最後の目的は、過失相殺の正当性を支持することにある。相殺というからには、相殺されるものと相殺するものとが、同じ次元のものでなければならない。製造物の「欠陥」が製造業者の「過失」に関係づけられてこそ、被害者の「過失」との相殺が可能なのである。

むすび

製造物の「欠陥」は、ＰＬ法の中心をなすもので、これの解釈があいまいでは、ＰＬ法の正当な運用はありえない。本章では、製造物の「欠陥」が、ＰＬ法という法律のテーマであるとともに、科学技術のテーマでもあることに着目して、ＰＬ法二条二項の「欠陥」の定義から、四条一号の免責にいたる規定について、科学技術の観点からの検討を加えた。その結果、明晰な解釈が可能となり、この法律が、工業標準化法という科学技術が関係する先行の法律と整合性をもって、日本の法体系のなかに位置づけられることがわかった。

さらに、製造業者の「過失」と、製造物の「欠陥」との関係を、科学技術および製造業の実務の目で見ると、「過失」と「欠陥」の関係が明らかになり、従来、ＰＬ法は不法行為法の「特別法」と言われていた一貫した関係が、具体的に証明された。

こうして製造物の「欠陥」についての解明は、日本のＰＬ法が、アメリカおよびＥＣ（いまのＥＵ）のＰＬ法と、形式の違いはあっても内容に共通性があることを示した。製造物の欠陥による事故には、グローバルな普遍性があるから、ＰＬ法の共通性は大切である。日本の「製造物責任法」という名の法律は、科学技術の観点からも、これからの時代の法のグローバル性という観点からも、現代の法技術で達成可能な限り、優れた法律であるといえる。

科学技術との関係を視野の外に置き、不法行為法との関連さえもおろそかにするような、視野の狭い、奥行きの浅い逐条解釈は、たまたまＰＬ法で偶発的に起きたのだろうか。この分野の法学には、そういう姿勢を当然のこととする何かがあるのではないだろうか。次章では、その考察を進めることにする。

第4章　法学は誰のためのものか

法学部の内と外の関係

名古屋駅からの地下鉄を本山《もとやま》で降り、四谷通りを行くと、名古屋大学が見えてくる。雨の日にはバスに乗るが、そうでなければ歩いて一〇分ほどである。名古屋大学は医学部が別の場所にあり、四谷通りの両側の広大な敷地にそれ以外の学部がある。本山から、はじめに右手に工学部などが現れ、さらに歩いて一〇分以上もかかる法学部で終わるまで、名古屋大学があるだけである。名古屋大学に近づくにつれて、本山からの市街がなくなり、名古屋大学の敷地内を歩く感じになる。

このあたりの千種《ちくさ》区は、法学部が名古屋城の二ノ丸からここに移ってきた昭和三四年ごろはいざしらず、いまでは名古屋市の郊外ではなく、市街地である。

大学と市街の関係は、東京は本郷の東大前に市街があり、早稲田には早大前の市街がある。もし、東大前の古書店、出版社、喫茶店、そば屋などの商店街が消えたら、東大の雰囲気はどうなるだろうか。いまの東大の、本郷通りを挟んで向こう側もまた東大の敷地だったとしたら、千葉県や所沢の山中に置いても、大差ない。そのように想像すると、あの商店街が東大のイメージを構成する小さくはない要素になっていることに気がつく。

ところが、大学の門前町らしい市街が、名古屋大学にはない。本山からの四谷通りにそった市街地らしい風景が名古屋大学で分断されて、その先の市街につながらない。四谷通りの市街としての成長が、名古屋大学の敷地によって阻まれているのだ。在学中の二年そこで過ごす間に、私はそう考えるようになった。せめて四谷通りに面する敷地の一方の側だけでも、門前町が育つように民間に開放したらどうだろう。

卒業論文の指導教官をしていただいた平出慶道先生にこのことを話したら、「大学には、大学の敷地が四谷通りで分断されているので具合が悪いという人はいますが、四谷通りを大学が分断しているという話はこれが初めてですね！」

大学を四谷通りが分断しているとみるのが在来の見方なら、大学が四谷通りを分断しているとみるのは、発想の転換である。しかし、そう主張するだけなら、天の邪鬼《あまのじゃく》にすぎない。

かりに、大学は不可侵の存在であるべきところそれを四谷通りが分断しているという見方を、大学主体観といい、四谷通りという社会へ通じる公開の街路を大学が遮断しているという見方を、社会主体観ということにする。本当は両方が同じくらいの比率で均衡するのが望ましいのだが、法学部で行なわれている法学の教育・研究は、もっぱら大学主体観によるもので、社会とのかかわりには無関心である。教育面では、社会から高校卒業生を受け入れ、四年の間、社会に向かってはカーテンを下ろした教育をして、法学部卒業生として社会へ排出する。入口と出口が社会へつながれているだけでその間は閉鎖空間、というモデルを私は仮想してみるのである。

私の場合、法学部三年編入までに、四年制の工学部教育と、三十余年にわたる市民としての生活と科学技術に携わる技術者としての生活があった。このような経歴は、社会では評価される。私が社会で接触した人々は、そういう人が法学を勉強すれば面白いでしょうね、という。ところが法学部の閉鎖空間の教育では、そういうことには一片の考慮も払われない。十八歳の高校卒業生が学部一年に入って、二年たったら学部三年に上がる、そのような定型で社会人学生も扱われる。それ以上のことは、個々の学生の「自由」である。ただし閉鎖社会の強固な障壁内での「自由」だから、私は障壁に頭をぶつけて討ち死にしないように注意しながら、私のやり方で教わり、学習し、多くのものを得た。いまこうして書いている能力も、それなしにはありえなかったことである。

ここで考えなければならないのは、教育には、教える側と教えられる側の相互作用があることである。教える側が一方的に教えるだけではなく、教えられる側からの刺激によって啓発され、さらに教育内容が向上するという関係である。私は二年間に、多くのものを得た。他方、教える側は、私に接して何を得たかというと、人によりけりというところはあるが、全体としてはほとんどゼロだったのではないだろうか。法学部が社会人学生の制度をつくりながら、社会人学生からは何も学ばなかった。得ようとすれば得られたはずの利益を取り逃がした大学側の大きな損失といえようが、それも社会への無関心に発している。

百年前、日本が西洋の法制を受け入れた当座は、法学部を中心とするあたりに、法知識の唯一最高の源泉があり、法学者は高いところから社会に向かって一方的に法を説いていればよかった。ところが、日本の市民は、法学者たちが思っているほど無知蒙昧ではないから、百年間にそういう西洋の法制を消化し、日本の社会に合わないものは捨てて、日本の社会との間にあまり違和感のない法秩序をつくりあげた。いま法学部の外側にあるのは、そういう法秩序をもつ社会である。社会人学生のなかには、健全な市民としてそういう法秩序を体得した人たちがいるのである。

われわれの社会は、さまざまな要素が複合して構成されている。そこでは法学者たちが信奉しているのとは様子の違う法が行なわれ、さらに政治がかかわり、経済がかかわり、科学技術がかかわる。前章で、ＰＬ法上の製造物の「欠陥」について、法律家による従来の解釈には科学技術が欠けている状況を考察した。社会の主要な構成要素の一つである科学技術についてそうなら、ＰＬ法にかかわる法学と社会との関係は、どうなっているのだろうか。

素朴な疑問――「違法」と「不法」の区別

私は、不法行為法の法学を系統的に学習しようと、二度こころみたことがある。一回目は、名大法学部四年のとき、森島昭夫教授による不法行為法（正式の名称は「民法Ⅳ（事故法）」）の受講である。ここの法律学科は休講の少ない、まじめな授業をしていて、森島先生の休講は一年間の前期・後期を通じて一回だけだった。私は二回欠席し、その分は社会人学生で同級の女性の詳細なノートをコピーさせてもらって補充したということだから、まじめに受講したほうだったろう。しかし私は、この科目の期末試験は受けず、したがって単位はいただいていない。なぜかというと、一年間かなりの注意を払って受講しながら、森島先生の説く不法行為法の正体がつかめなかったからである。名大法学部は全科目が選択制だから、こういうときに都合がよい。

二回目は、前述した著作『製造物責任法――法律家と技術者とをつなぐ』を書くための準備である。法学部を卒業して六年あまりたって、もう一度、森島先生が使われた教科書とノートを用いて勉強し直した。今回は、素直に教科書やノートに従うのではなく、批判的に取捨選択し、どうにか不法行為の法学の全体像をつかむことができた。どのように取捨選択したかはこの章で述べることと関係があるのだが、そうして得た不法行為法の知識にもとづく内容が加藤雅信先生の厳しい監修の目をへて本になったのだから、おおむね誤りのない全体像だったといえよう。

ところが、それでもなお、私には疑問が残っていた。

森島先生が使われた教科書は、有斐閣双書という小型本(いわゆる四六判)に事務管理・不当利得・不法行為法の三つをおさめたもので、全体で二六〇頁のなかの一八〇頁が不法行為法に当てられていた。小型本のその程度の頁数だから、全体像をつかむには適していそうなものだが、実際にはそうではない。それは、それぐらいの頁数を三人が分担執筆していることによる障害かもしれない。とにかく、アメリカのロー・スクールで使われている不法行為法の教科書と比べればわかることだが、分量において、緻密度において、れっきとした法学部の、れっきとした学生のための教科書に適しているとはいえない。

もう一つは、森島先生が自分のPRをするつもりはないがと前置きして紹介された森島著『不法行為法講義』で(1)、これは前年に出版されたばかりの大判(A5判)、四九〇頁の大作である。

結局、この二冊が森島先生の教科書だった。講義の間に、有斐閣双書と、森島著と、そのどちらにも書かれていない新しい事項とが、それぞれ三分の一ぐらいの割合で行ったり来たりするからわかりにくいこともあったのだろう。そのうち、私が小さな疑問にとらわれている間に、森島先生の快調な語り口との落差がしだいに拡大していった。

私の疑問とは、これらの教科書で、不法行為の「不法」という語の意味がわからないことだった。念のために、不法行為法の他の体系書を調べると同じようなことが書かれていて、「不法行為とは、権利を違法に侵害した者に、被害者に対する損害賠償の債務を負わせる制度」、などとある。そのことは七〇九条の規定からうなづけるような気もするが、なぜそこに、七〇九条にはない「違法に」という語が入るのだろう。

教科書の用法は、こうである。有斐閣双書のほうは、不法行為の意義をつぎのように述べている(同書七九頁。傍点は筆者による。以下同じ)。

Aが不注意から自動車の運転を誤り、Bに衝突し、怪我をさせてしまったとしよう。この場合、Aには二つの法律上の責任が生ずる。その一つは、業務上過失傷害罪(刑二一一条)などの刑事責任であって、いま一つは、Bの受けた損害を賠償しなければならないという民事上の責任である(民七〇九条)。ところで、後者の責任は、右の例にみるように、不法に他人の権利または利益を侵害し、これによって損害を与えた場合に生ずるものであるが、このような利益侵害行為を不法行為という。

ここでは「不法に」という語が使われていることに注意願いたい。これから先の引用は、法学書らしい難解なところのある文章だが、読者は我慢して読んでもらいたい。いまの引用の少し後に、つぎのように書かれている。

不法行為の性質は、人の行為を原因とする場合は、違法行為であって、債務不履行と同類型に属する。

債務不履行が何かはこの先でわかるが、ここには「違法」という語があることに注意願いたい。森島先生は講義のなかで、この「違法行為」は「適法行為」の対である、と解説された。もう一方の教科書、森島著のほうは、不法行為を定義してつぎのようにいう(同書一頁)。

不法行為とは、ある者が他人の権利ないし利益を違法に侵害した結果他人に損害を与えたという場合に、その加害者に対して被害者の損害を賠償すべき債務を負わせる制度である。そのような違法な利益侵害行為自体も不法行為と呼んでいる。

以上、二冊の教科書では、「不法に」侵害するという語と、「違法に」侵害するという語とが、同じ意味に使われている。「不法」と「違法」の区別がないのである。この二冊だけでなく、身辺にある不法行為法の教科書のどれをみても同じである。『新法律学辞典』によれば、「不法は、違法と同義に用いられることが多い」という。しかし、いまの日本語の普通の感覚からは、「不」と「違」が同じとは思えない。辞典の記載が絶対に正しいとはかぎらず、誤りが慣用化して、辞書の記載になっていることもないわけではない、と私は考えたのである。

この二語を追求し、とうとう区別を見いだしたのは、いまから百年前に不法行為法(民法七〇九条以下)の草案を審議した法典調査会の議事録であった。

民法起草者による区別

法典調査会の議事録(2)をよく読むと、契約などの行為と、不法行為という、二種類の行為の区別がなされていて、「違法」と「不法」の区別がある。

契約などの行為

議事録によれば、契約という行為は、法(民法)に規定されている、したがって、契約から生じる権利(債権)は、「法ノ認メタ権利」である。(議事録二九五頁)

説明を加えよう。Aが所有する車をBに百万円で売却する契約をすると、その契約の行為によって、AにはBに対して百万円の支払いを求める債権(Bにとっては債務)が発生し、BにはAに対して車の引渡しを求める債権(Aにとっては債務)が発生する。少し説明がくどくなるが、ここで債権の原因となっている行為は、その売買の契約であり、それは民法五二一条以下に規定のある契約の一種だから、その債権は法の認めた権利である。もしAまたはBが契約を履行しない場合、それは債務不履行であり、法の認めた権利である債権を侵害する違法な行為である。

不法行為

議事録によれば、不法な行為とは、「法ニ在ラザル行為」である。（同頁）

説明を加えると、「法ニ在ラザル」とは、法に規定されていない、という意味であろう。

議事録の考え方では、法とは、民法、商法などの制定法である。不法行為とされる種類の行為は、制定法に規定がなく、七〇九条で初めて、あらゆる種類のものが包括的に規定された。個々の種類をいちいち挙げないで原則的に規定しただけで、不法行為の個々の種類についての規定はない。（同二九六頁参照）

七〇九条の「故意または過失によって他人の権利を侵害」する行為には、本来、契約における債務不履行も含まれるが、その場合の損害賠償には民法の契約の規定が適用され、七〇九条は適用がない。七〇九条が適用されるのは、「故意または過失によって他人の権利を侵害」する行為のうち、「法ニ在ラザル行為」についてである。（同三〇三頁）

「違法」と「不法」の区別

ここまでの説明で、不法行為の定義と結びついた「不法」という語の意味が理解できよう。議事録は、「違法」という語をここに述べたことに関して用いていないが、契約における債務不履行は、「法ノ認メタ権利」の侵害だから、「違法な」侵害行為であることはいうまでもない。他方、不法行為に「違法」の語は不要である。議事録を調べてわかることだが、不法行為法の審議に「違法」という語は出てこない。ただ、他の法律との関係で、わずかにつぎの用例がある。

Ａ１　官吏が違法処分をしたときに（政府は）責任を負わぬということであっても(同三四九頁)。

Ａ２　法律に違犯の行為・・・法律違犯の行為(同)。

説明するまでもなく、「違法」は、法律に違反（違犯）するという意味に用いられている。他方、「不法」の語が、不法行為という名称以外に使われた例はつぎのとおりである。

Ｂ１　不法のことによって生じる損害(議事録二九六頁)

Ｂ２　人の生命とか財産とか或いは名誉とか、何か不法の権利と認めたものの侵害でなければ債権を生ぜしめない(同二九八頁)

Ｂ３　通るべからざる所を通ったのが不法であるならば(同三四七頁)

Ｂ４　獅子であるとか虎であるとか大蛇であるとか色々なものを持つということ自身がどうも不法とは言えぬ(同三八九頁)

Ｂ５　他人から不法にして且つ急迫なる攻撃を受けて自分が已むを得ずして防御致します場合(同四〇九頁)

Ｂ６　(正当防衛の場合には)事情がいかにも尤もな場合であるから之を不法とはしないということにした(同四一四頁)

Ｂ７　不法に人を拘留し(同四四八頁)

以上のうち、Ｂ２「不法の権利」は、法律に規定されていない権利、Ｂ７「不法に人を拘留」は、法律の規定によらないで拘留、という意味であろう。それ以外の「不法」を含む語は、法律に規定されていない権利を侵害すること、を表しているといえよう。

この項で述べたのは、契約などの行為と不法行為の区別、違法と不法の区別である。これらのことから、明治期の起草者が、法律（制定法）に規定されていることと規定されていないことという区別の仕方をしていたことがわかる。このことには重要な意義がある（後出一八二頁参照）。

明治の開国から鎖国への暗転

「不法」「違法」の二語を、民法の起草者は区別し、不法行為法を「不法」の語を用いて定義していた。その後の不法行為の法学は、この二語を区別しないで、不法行為法を「違法」の語を用いて定義する。この変化は、どうして起きたのだろうか。そこには意外な謎《なぞ》が秘められていて、それを解くには、明治期の法典調査会とその議事録の生い立ちを知らなければならない。

法典調査会は、明治二六年（一八九三年）に勅令によって設置され、十年間の役割を終えて同三六年に廃止された。当初は、主査委員会で審議し委員総会で決定する二重機構だったが、同二七年に調査会の一本に簡素化された(3)。

明治政府の法典調査会が、いまの法制審議会といった組織とは異なる性格だったことを、会議の一例として明治二六年五月一二日の「民法主査会第一回」の議事録に登場する人物によって示そう。(4)

侯爵　西園寺　公　望　君（議長）

箕　作　麟　祥　君

末松　謙澄君
伊東　巳代治君
＊穂積　陳重君
横田　國臣君
熊野　敏三君
長谷川　喬君
木下　廣次君
高木　豊三君
＊富井　政章君
＊梅　謙次郎君
土方　寧君
田部　芳君
村田　保君
鳩山　和夫君
三崎　亀之助君
元田　肇君

この第一回会議の始まりに、西園寺が、「今日は総裁が差し支えがありまして本員が議長の代理を致します」と述べている。「総裁」とは内閣総理大臣兼「法典調査会総裁 伯爵　伊藤　博文」である。この年、伊藤博文五十二歳、西園寺公望四十四歳だった。こうして明治政府の最高指導者が直接に関与し、この二人が形式的な議長ではなく、草案の審議を取り仕切っていた。

それには特別な事情があった。明治維新の指導者たちは、欧州諸国が清国に戦争を仕掛け、不平等条約を結んで侵略する手口をみて、幕府が結んだ不平等条約の撤廃を民族の悲願とした。

そのためには、欧米諸国に対して、「日本は文明国にふさわしい法制度（法典や裁判制度）を備えていること」を、事実として一日も早く証明しなければならない。そうして立法を急いだ民法だったが、フランス人ボアソナードの草案をもとにした旧民法（ボアソナード民法）が明治二三年に公布されたものの、いわゆる法典論争が起きて葬られ、それに続く法案作成の作業だったのである。[5]

ちなみに、「法典」とは、ある範囲の法律を一つにまとめた書物をいう。民法典といえば民法に属する法律をまとめたものである。

右の出席員のうち、＊印をつけた穂積陳重、富井政章、梅謙次郎の三人が、民法の起草委員であり、会議ではそれぞれ主になって担当した部分の趣旨説明をしている。箕作麟祥は、あとで議長をつとめる。この四人の略歴を示そう。

箕作麟祥《みつくりりんしょう》(1846–1897)

有名な蘭学者 箕作阮甫《げんぽ》の孫。幼時に和漢学、その後、祖父から蘭学、幕末には英学、慶応三年（一八六七年）にパリ万博派遣の徳川昭武に随行の前後から仏学を学ぶ。専門的な法学教育は受けていない。二十三、四歳の明治二年（一八六九年）の冬、参議 副島種臣の命でフランス刑法の翻訳に着手、つづいて民法、商法、民事訴訟法、治罪法(刑事訴訟法)、憲法などを翻訳し、その全体が『仏蘭西法律書』という名称で出版され、わが国における六法全書の始まりとなる。(5) のちに法学博士、貴族院議員、行政裁判所長官、男爵。(6)

穂積陳重《ほづみのぶしげ》(1855-1926)福島正夫の解説による(7)。

明治維新の十三年前、伊予宇和島藩の藩士の家に生まれ、祖父の重麿、父の重樹はともに本居派の国学者だった。藩校の明倫館で漢学や武術を学び、十六歳で大学南校(後開成学校と改称)法学部(英法専修)に入る。文部省の第二回留学生となり明治九年、米国をへて英国へ渡り、ダーウィン、ハクスリー、スペンサーの新著が出たばかりでのロンドンで、とくにダーウィンの進化論に関心をもった。

ロンドンではキングスカレジ、ミドルテンプルで学び、二年半後ドイツに渡り二年弱、ベルリン大学で勉強した。明治一四年に帰国し東京大学法学部講師、翌年二十六歳で教授、法学部長となる。それまでの法学は外国語で教授していたが、邦語での講義を始めた。

彼の衷心の願いはロンドンで立てた誓い、『法律進化論』の達成にあったが、大学の講義、民法典の起草など多忙で意のごとく進まず、明治四五年、五十五歳のとき在職三十年を越えたことを理由に東京帝国大学を去る。しかしそのための自由な時間はあまりなく、枢密院顧問官、臨時法制審議会総裁、帝国学士院長、さらに大正一四年(一九二五年)には枢密院議長に任ぜられ、翌年四月はじめ病にかかり、『法律進化論』第三冊の原稿を手に執りつつ逝世した。

法学博士、男爵。著書に、隠居論、祖先祭祀と日本法律、法典論、五人組制度論、実名敬避俗研究、タブーと法律、法窓夜話、五人組法規集、由井正雪事件と徳川幕府の養子制度、復讐と法律、祭祀及禮と法律、など(6)。

富井政章《とみいまさあき》(1858–1935)

聖護院宮侍、富井政恒の長男に生まれる。明治一一年、東京外国語学校に入学、フランスへ渡航して法学をおさめ同一六年卒業し、ドクトル・アン・ドロアを受けた。帰朝後、東京帝国大学法科教授、同教頭、同学長を歴任。同三六年、官を辞し、法政大学教頭、ついで京都立命館大学長となる。貴族院議員、法学博士、男爵。著書に、民法原論、契約法講義、刑法論綱、民法論綱、など。(6)

梅謙次郎《うめけんじろう》(1860–1910)

井伊直弼が桜田門外で襲撃された万延元年(一八六〇年)、松江藩士の家に生まれ、祖父や儒者から漢籍を学んだのち、明治二年、十歳のとき藩校修道館に入る。同八年、東京外国語学校（フランス語）に入学、同一三年、首席で卒業し司法省法学校に入学、同一七年、二十五歳で主席にて卒業し東京大学法学部教員。翌年、留学を命ぜられリヨン大学に入り、同二二年、ドクトル・アン・ドロアを受け、その論文「和解論」はリヨン市から賞牌が贈られ市費で出版された。同年、ベルリン大学に入学、翌年帰朝し、法科大学教授、ついで和仏法律学校（のちに法政大学）学監、同三〇年、三十八歳で東京帝国大学法科大学長、同三二年、和仏法律学校長、同三六年、法政大学と改め総理となる。(8)

その後、五十一歳のとき韓国で客死するまでの活動は、法学教育、法律起草、韓国法制、著作など多方面にわたり、民法起草委員の一人、穂積陳重は「梅博士は真の弁慶」と題して、「非常に明敏な頭脳を持っておって、精力絶倫かつ非常に討論に長じた人であった」と讃えた(9)。(精力云々は、いまの通俗的なそれではない)。わが国を代表する十八人の文化人の一人に選ばれて記念切手になった(10)。法学博士、男爵。著書に、前記フランス語での「和解論」とその和文のもの、商法義解、日本売買法、債権擔保篇、商法講義、会社法綱要、民法要義、民法講義、民法原理、など(6)。なかでも『民法要義』五冊は、民法起草者の解釈を示すものとしていまも引用されることが多い。

他の出席員は、すでに新しい法制での裁判が行なわれていたから大審院(いまの最高裁に相当)などの裁判官、検事、弁護士、司法省官僚、外交官、学者など、明治期の立法・司法・行政で指導的役割を果たし、いまも名の残る人々である。

法典調査会における不法行為法(民法七〇九条以下)の審議は、明治二八年(一八九五年)の一〇月二日から一一日までの間に五回にわたって行なわれた。午後三時半に開会し、普通は午後七時まで、長引いた日には閉会が九時になった。議長は箕作麟祥、趣旨説明は三人の起草委員のうち穂積陳重である。最初に穂積が「不法行為」という題号を選んだ趣旨を述べ、これについての討論がある。ついで、七〇九条の審議に入った。議事録には、参照された諸国の法律の条文番号がある。(11)

旧民法(ボアソナード民法)財産編三七〇、一項

フランス一三八二、一三八三

オーストリア一二九三～一二九五
オランダ一四〇一、一四〇二
イタリア一一五一、一一五二
ポルトガル二三六一、二三六二
スイス債務法五〇
モンテネグロ五七〇
スペイン一九〇二
ベルギー草案一一二〇、一一二二
ドイツ第一読会草案七〇四
同　第二読会草案七四六
プロイセン国法一部六章一～一七
ザクセン一一一六、一一一七
バイエルン草案五二

この箇条には出てきていないが、箇条によっては、制定法のなかった英国の判例が示されている。これらの条文番号のうち日本のものは旧民法財産編三七〇条一項のみで、他はすべて西洋諸国の法律である。法典編纂にあたり、起草委員は諸外国の法典をきわめて広く参照した。明治初めから の箕作麟祥によるフランス六法の翻訳をはじめとする、おびただしい数の外国法典翻訳の蓄積が利用され、さらに法典調査会による新たな翻訳も行なわれたようである。法典調査会の審議のなかで、それらの条文に言及し、あるいは条文の邦訳がごく自然に引用されている。「参考外国法典の豊富さは、明治民法制定における一つの特色をなしている」と評されていて(12)、グローバル化時代のいま、注目すべき特色といえよう。

穂積は、英国とドイツに留学し、英国やドイツの法律を原文のままで読めたであろう。しかし大切なのは、西洋諸国の法が、日本語で理解されていたことである。

もう一度、右の条文一覧をみよう。フランス法はフランス語で、ドイツ法はドイツ語で、というふうにそれぞれの国の言語（あるいはフランス語か）での条文だったであろう。そのことが意味するのは、日本の不法行為法十六カ条の、日本語による個々の条文、個々の用語について、西洋諸国それぞれの国の、個々の条文、個々の用語との対比が、翻訳を通じて確認されていた。少なくとも起草委員の穂積、富井、梅の三人は、日本の草案の各条文と、それに対応する西洋諸国それぞれの国の条文との間を、日本語で自由に行き来することができた。

その状況が、草案の趣旨説明をする穂積がこの法律に「不法行為法」という題号を選んだ理由を述べているところに表れているので、その一部を長文だが引用しよう。片カナ漢字交じりで句読点がほとんどない議事録の原文を、平がなにして句読点を入れ、大きなパラグラフをいくつかに分けるという手を加えただけである（一部に傍点を付けた）。(2)

既成法典（旧民法のこと）は、「不正の損害すなわち犯罪および準犯罪」という題号を用いておりまするが、この不正の損害という題号は、他の諸国におきましても一カ所も用いた例を見ませぬのでありまする。

吾々（起草員三人をいう）におきまして、この題号を採りませなんだゆえんは、不正の損害と申しますれば、第一に、徳義上の意味をいくらか含んでいるように見えまして、法律上の題号といたしましては、むしろ他の言葉の方が適当であろうと考えましたのが、一つの理由であります。もとより不正に生じました損害でありましても、法律上の保護あるものも保護ないものもあるのでありますからして、それゆえに、ただ不正の損害さえあれば直ちに債権が生ずるというように見える言葉は、他になお適当な言葉があれば採らない方が宜しかろうと思いました。

次ぎに、この損害というものが債権の原因、という具合に聞こえますのも、いかがでございましょうか。その損害を生じまする行為というものが原因であって、その行為の結果としてやはり損害が生ずる、これに債権が生ずる、という方がむしろ穏当ではありますまいか。合意、契約と申しまする行為より債権が生ずる、不当利得という一つのこれは行為とも言いましょうし、事柄とも言いましょう、事柄が生ずる、とにかく、この債権の原因となりまするものを、皆これまで分ける例になっております。それゆえに、損害の生じまする元の方の名称を題号に付けます方が、むしろ当を得ておりはしないか、と考えました。

既成法典には「すなわち犯罪および準犯罪」という、あたかも説明のごとき言葉がありまするが、これはもとより言葉としても不適当な言葉でありまして、犯罪と申しますると、まず、法律上では直ちに罰が生じまする、その原因をこれまで指してきたものであります。それゆえに、あまり強い、かつ法律の眼から見、徳義上、社会上から見ましても、非常に悪いように見えますから、犯罪というような言葉は用いない方が宜しかろうと思いました。

特に犯罪および準犯罪の区別のごときは、ただいまは学者がいくらか有意とか無意とかいう区別をつけますけれども、その起こった元は、ローマ法いらい歴史上の原因があって、或る事柄は損害賠償の請求の訴を許す、後に至って、これに似寄りましたものに賠償の請求権を許しましたものを追々これに準じてデリクトというものに用いた、それからヨーロッパ諸国で襲い来たった名称でありますからして、かくのごとき区別を致しまするということも、本案では採用致さなかったのでございます。

で然からば、いかなる名称がまず穏当であろうかと思いまして、諸国の例もいろいろ調べてみました。然るに、不正の損害というのは、前に申しましたごとく、法律の題号となっておりまするのは、既成法典に限るのでございます。

犯罪準犯罪という名称は、フランス、イタリア、ベルギーなどではそういう名称を用いております。これは前に申しましたごとく不都合でありまするので採りませぬ。

オーストリアには、損害賠償の権利と書いてあります。これは少し本条の規定に対して広すぎる。オランダなどは、法より生ずる義務という所に、たくさん不当利得と同じくこの規定が掲げてありまするが、これは本案では、そういう広い題号のなかに種々の債権を入れるということは採りませぬが、これも用いてあったのであります。

そのほか、ポルトガルでは、権利侵害および賠償とありまする。あるいはスペインなどは、近ごろ出来ましたのには、過失および怠慢より生ずる義務と書いてあります。ドイツ諸国すなわちプロイセン、ザクセン、バイエルンなどにおきましては、訳して申しますると、「許されざる行為」、こういうことになっております。スイス、モンテネグロなどは、不法行為と書いてあります。近ごろ出ました、許されざる行為というものに、不法行為ということであります。

　この債権の原因たる行為というものは、本案に採りました主義にすると、必ず他人の権利を害するものでありまするならば、他に法の認めた権利を害する行為でありますれば、必ず不法行為、法に在らざる行為よりして損害が出ましても、これは債権の原因と認めませぬからして、それゆえに、不法行為という名称を用いるのが中では一番穏当であろうと思いまして、本案のごとく致したのであります。

この最後の五行が読みにくいが、つぎのような意味とみられる。

　この債権の原因たる行為というものは、本案に採りました主義にすると、必ず他人の権利を害するものであります。ところが、他人の権利を害するものとしては、他に法の認めた権利を害する行為がありますから、不法行為すなわち法に在らざる行為より損害が出ましても、これは債権の原因と認めないということになりかねません。それゆえに、不法行為という名称を用いるのが中では一番穏当であろうと思いまして、本案のごとく致したのであります。

　法学書などに、日本の旧民法はフランス法を手本にし現行民法はドイツ法を手本にした、というようなことが書かれているが、この引用からうかがえるように、ことはそれほど簡単ではなかった。旧民法は、ここに出ている題号の問題にみられるように、日本語による法律表現の未成熟があり、そのころの日本における西洋法の知識と日本語による法律表現の急速な進歩からみて、批判されるべくして批判されたという面もあったであろう。とにかく、手本を単純にフランス法からドイツ法へ変えたとか、あるいは、ドイツ語のできる人がドイツ法を翻訳して現行民法を作ったという態のものではないことが、この引用部分だけからも理解できる。

ここに出てくる「ローマ法」は、西暦五三三年編集のユスティニアヌス法典とみてよいのだろう。ドイツ民法は、まだ草案の段階だった。穂積の頭のなかには、ローマ法に発して欧州諸国へ流布し、それぞれの国で一九世紀末に定着し、あるいは定着しつつあった民法の、史的、地理的分布がイメージされていたに違いない。法は、文化の一部である。ある地域で優れた法が形成されると、利用者が人間であるという共通性のゆえに、他の地域へと流布する。明治期の日本は、穂積・富井・梅の共同の努力によって、法における開国を果たし、文化としての法の継受をなしとげた。しかし、そうして作られた日本の民法は日本の国内法であり、それゆえの危険が待ち受けていた。穂積が主として担当した不法行為法のグローバルな開国状態が、その死後、鎖国の法へと暗転するのにそれほどの年数はかからなかった。

闇に閉ざされた明治の偉業

「不法行為」という題号についての穂積陳重の説明を、前項で引用した。私がいま利用している法典調査会議事録は、不法行為法だけで一六八頁、というと大した頁数でないように思うかもしれないが、細かい活字でA５判に二段にぎっしり組まれ、通読するだけで二日ないし三日はかかるという大きな分量である。現行七〇九条以下の条文ごとに、穂積がおだやかな口調で、ていねいに説明し、そのうえで前記出席員による、ときには白熱した激論になる討論の記録である。そういうことだから、この全編を読めば、明治期の起草者による不法行為法の全体像がわかる。

その全体像は、いまも古くない。学問をするには、対象の全体像をつかむのが大事である。私は不法行為の学習を二度こころみながら、結局、法学の記述を従順に学習したのでは、全体像がつかめなかった(前出三九頁、一四八頁参照)。その後、法典調査会の議事録を読んで、初めて全体像を知るとともに、法学の記述を自分で取捨選択して描いた全体像が、それとあまり違わないと思った。

この百年の間に、日本は第二次大戦の敗戦とともに政治体制がひっくりかえり、国の基本法である憲法は変わった。天皇制、軍国主義、家族制度などに関係する法律は変わったが、財産に関係する民法は、百年前の施行のまま、というより、ローマ法に発し欧州で使われて百年前に日本に継受されたままである。不法行為の種類には、自動車事故、製品欠陥事故、医療過誤、薬害などが出現するというふうに、大きな変化があった。しかし、不法行為にどのような制裁を加えるべきかという規範の基準となる意識に変化はない。穂積ら明治期の起草者たちが制裁すべきだと感じたことも、いまわれわれが感じることも、ほとんど同じなのである。私が法典調査会の議事録に納得のいく不法行為法の全体像を見いだしたというのは、ありえないことではないのである。

その時代、他の分野の著作としては、福沢諭吉『文明論之概略』が明治八年、新渡戸稲造の『武士道』は同三二年である。法典調査会の議事録は集合的作業による著作だから個人は埋没し、穂積らの名をこの二者に比肩されるほど高めはしなかったが、そうしてつくられた民法がいまも市民生活の法的規範になっているのだから、日本の社会における意義はむしろ大きい。

そういう法典調査会の議事録だが、しかし、これから述べるように、不当な運命をたどった。

前記の森島著に、不法行為法学の展開が的確に述べられているので(同書八頁)、その一部を要約して示す。


明治三一年に民法が施行されて以来、当分の間、不法行為法学の進展にはほとんど見るべきものがなかった。たとえば起草者の一人、梅謙次郎著のテキストブック『民法要義 巻之三 債権編』(明法堂 明治三〇年)のなかで、不法行為法にさかれた頁数は著しく少ない。

大正期、岡松参太郎の大著『無過失損害賠償責任論』(有斐閣 大正五年)は、企業活動による大規模災害を取り入れながら解釈論の展開はなく、大正六年の末弘厳太郎『債権各論』(有斐閣)、大正一三年の鳩山秀夫『増訂 日本債権法各論 下巻』(岩波書店)においても、不法行為法についての記述は添えものの感がある。

昭和五年の末川博『権利侵害論』(弘文堂)は、画期的なモノグラフィーであったが、どちらかといえばわが国の問題の解決を意識したものではなく、ドイツ民法学の成果の理論的研究だった。昭和一二年、不法行為法の最初の体系書として我妻栄『事務管理・不当利得・不法行為』(新法学全集、日本評論社)が世に問われた。この労作は本書のいたるところで引用する。

不法行為法学が飛躍的な展開を見せたのは、昭和三〇年代に入ってからである。昭和三二年、加藤一郎『不法行為法』(法律学全集、有斐閣)は、我妻による戦前からの不法行為法学の到達点を示したうえで、類型論的なアプローチを導入した。

その後、交通事故の増加には目ざましいものがあり、さらに、経済の高度成長にともなう公害、薬害など企業活動による被害、そして医療事故が増加し、訴訟が増えて、それらは既存の法理論では対応しきれない複雑な問題を含んでいて、こうした新しいタイプの不法行為の出現が、不法行為法学の大きな展開をもたらすことになった。森島著は、そういう状況のなかで不法行為法学がどのような解釈論を展開してきたか、不法行為をめぐる学説の流れを探ることを目指している。

この筆致から、つぎの四つの著作が、日本の不法行為法学の流れの要所にあるといえよう。

① 梅謙次郎『民法要義』　ただしこれは「不法行為法にさかれた頁数は著しく少ない」。法典調査会で梅は起草委員三人のうちの一人であったものの、不法行為の章を担当したのは穂積陳重だったから、もし穂積に同様の著作があればと惜しまれる。

② 昭和一二年の我妻著『事務管理・不当利得・不法行為』(13)

③ 昭和三二年の加藤一郎著『不法行為法』(14)

④ 昭和六二年の森島著『不法行為法講義』

このうち森島著は、私がこれによって不法行為法学を学習し、さらに追求したいというのだから、昭和一二年の我妻著、昭和三二年の加藤一郎著の二冊が、カギをにぎる著作といえそうである。お二人はそれぞれの時代の日本の民法学の最高権威だから、当然のことではあろう。

その我妻著、加藤一郎著の二冊だが、あまりに不審なことながら、どこにも法典調査会の議事録への言及がない。

我妻著は、法典調査会での議論にまったくふれず、施行された民法の条文を出発点として、その後の学説や判例を引用しながら、独自の発想によるとみられる自説を展開している。加藤一郎著は、我妻説を受けた性格のものであろう。これはかなりの箇所で明治期の立法にふれており、ただし法典調査会議事録ではなく「民法修正案理由書」によって、ボアソナード民法（旧民法）と現行民法との比較を述べている。私のような現代の読者は、旧民法の内容について知識がなく、旧民法との比較よりも、もっと直截に現行民法がどのような考えで起草されたかを知りたいから、その意味ではあまり役に立たない。

なお、「民法修正案理由書」というのは、国会での審議のために法典調査会が作成したもので、各条ごとに旧民法との比較と修正の趣旨が簡潔に記されている。民法の総則（第一編）、物権（第二編）、債権（第三編）の分が一冊にまとめられ、明治三一年に出版されている(15)。

それにしても、なぜ我妻著、加藤一郎著は、法典調査会の議事録を「無視」したのだろうか。不法行為法学のために無価値なものとみたのか、しかし、そんなはずはない。これには何か特別な理由がありそうである。以下は私の推論である。

法典調査会議事録の原本は、明治期の法令草案や議事速記などとともに司法省に所蔵され、昭和二〇年、戦火により一切が焼失した。幸いなことに、昭和八年一〇月、日本学術振興会が、維新以降のわが国の立法資料の蒐集に関する第九小委員会を設置し、最初の事業として、法典調査会における民法草案審議の速記録の印刷を手がけた。その印刷が完了した昭和一四年一二月、小委員長加藤正治が「序」につぎのように述べている(漢字を一部、平がなに直した)。(16)

(この事業は)、民法法典は私法の根幹をなすものであって法制上極めて重要な地位を占めることはいうまでもないところであるが、その質量において実にわが国有史以来最初の大法典であり、かつ、その制定は明治時代におけるわが国最大の事業の一たる治外法権の撤廃のために多大の貢献を寄与したるものであって、わが史上に甚だ重大な意義をもつものだからである。而して、右調査会においては、明治二四年から同二九年にわたり、二百余回の会議を重ねて、伊藤総裁、西音寺副総裁をはじめ、委員として当時の法律界の碩学がこれに参加し、法案の各条項において逐一熱心に討議しておられるのであって、その速記録は、民法の解釈上重要なる資料たることはもちろん、わが文化史上閑却すべからざる重大記録である。

この速記録は原本が一部僅かに司法省に存するのみであって、もし火災等の危険を考えるならば、真に慄然たらざるを得ないのであるが、今、この印刷が完了して、適当の場処に夫々それを保管することが出来るようになったのは、誠に結構な次第である。

この速記録の印刷には、昭和九年一一月から昭和一〇年一二月まで一年二箇月の日子を費やした。なお、これについて司法省の当局が直接間接に多大の援助を与えられたことを、ここに深謝する。

これが印刷とはいうものの、タイプ印書により八部複写され、同振興会、司法省、旧四帝大および早・慶両大学に一部ずつ保管されたから、利用上の不便が大きかった。そこで、昭和五〇年から法務大臣官房司法法制調査部がこれらの立法資料の復刻刊行をすることになり、とりあえず民法分野から着手し、「法典調査会民法議事速記録」の印刷、配布を始め、その事業を昭和五八年、社団法人商事法務研究会が同会創立三〇周年記念事業の一環として行なうことになった。(16)いま多くの図書館に備えられていて容易に利用できるのは、そうして刊行された商事法務研究会版である。

この経緯と対比すると、昭和一二年の我妻著が執筆された時点では、法典調査会議事録は司法省に原本が一部あるのみだったから、容易に閲覧できるものではなかったに相違ない。昭和三二年の加藤一郎著の時点では、東大にタイプ印書八部のうち一部が置かれていたから、加藤がそれを見なかったはずはない。ただタイプ印書の膨大な資料は、いま私などが利用する商事法務研究会版に比べたら、はるかに読みにくいものだったに違いない。そのせいなのか、あるいは、我妻説が法典調査会議事録の内容に関わりなく展開されていたから、その面での支障を避ける意図があったのだろうか。

最後に、森島著は、法典調査会議事録をわずかに引用している。森島著は昭和六二年の発行だが、引用文献に示されているのはタイプ印書のものだから、商事法務研究会版が出る以前に調べられたのだろう。読みにくい資料による研究の難しさを示しているといえよう(なお後出一八四頁参照)。

以上にみたとおり、法典調査会議事録は、我妻著、加藤一郎著などに表徴される日本の不法行為法学の主流によって、完全に無視された。穂積、富井、梅の三起草委員をはじめ明治期の起草関係者が心血を注いだ偉業の成果が、闇に閉ざされてきたのである。

不法行為裁判の回り道

明治三一年(一八九八年)に民法が施行され、日本の不法行為法は、民法七〇九条以下の十六カ条の条文によって出発した。法典調査会議事録の商事法務研究会版でいえば、十六カ条の条文のみなら、A5判二段組一六八頁のうちせいぜい五頁だから、もし残り百六十余頁の内容が生かされていたらと考えると、その影響には底知れないものがあると思われる。第一に、裁判を中心とする法律実務への影響がある。

民法が施行され、不法行為法事件が裁判所でその条文を適用して審理されるようになる。一般の裁判官は、司法省に保管される法典調査会議事録の原本を閲覧するすべもなかっただろう。条文は抽象的だから、実際の事件に適用するには、解釈が必要である。不法行為について十六カ条の条文のみを所与として、その意味をおしはかる、いわゆる文理解釈や演繹によって適用するほかはない。

そこで、穂積陳重ら法典調査会の委員たちが危惧していたことが現実のものになった。

不法行為法の中心的規定である七〇九条には(前出八頁参照)、「故意または過失」「権利の侵害」「損害の発生」という三つの要点がある。明治二八年一〇月二日の法典調査会で、穂積が三つの要点について説明し、つづいての討論で明らかにされたことの一つは、「権利」の解釈である。

当時、民法で財産権といえば物権と債権の二つとされ、無体財産権（著作権、特許権など）が認識されはじめた段階だった。財産権は法律に定められた権利であって、法律に定められていないような利益は権利ではない、という考えが一般的だった。危惧というのは、七〇九条の「権利」が、そういう財産権に限ると解されるおそれである。おもなやりとりをごく簡単に要約する。

穂積　「権利の侵害」とは、諸国のどこの規定もこのように漠然と書いていますが、帰するところは、人の生命とか、財産とか、あるいは名誉とか何とか、不法の権利と認めたものの侵害であります。（議事録二九八頁）

横田國臣　この権利というものは、法律上で人のもつべきもの、持っている権利と定まったものでなければなるまいかと思うのですが、そうすると快楽を失うとか、悲しみが生ずるというのは、権利に入らない場合が多くはないかと思うのです。（同三〇二頁、以下同じ）

穂積　そういうものが権利の侵害かというと、そうではないが、賠償させるについては、なるべく裁判官が広く解して、賠償の額を斟酌する余地があります。

議長（箕作麟祥）　穂積さん、この権利というのは、財産上の権利という意味ではないのでありますか。

穂積　もちろん、そのつもりではないのであります。それだから、ドイツ第一読会草案の最初の条の末項にことさらに「生命、身体、名誉、自由の損害もまた権利侵害とする」という文章があるのです。

議長　民法でいうところの権利は、財産上の権利であるようですが、ここの権利は、財産上ばかりではない大変広い権利ということで宜しいのでありますか、それをちょっと伺いたいのであります。

穂積　もしこれが不明であるなら明らかにするには、どのようにしても宜しいのですが、とにかく、原案は広い意味のつもりであります。

これでこの問題の議論は終わり、七〇九条は原案どおり承認されたから、法典調査会における「権利」の解釈はこれで決まったのである。

その後の裁判における七〇九条をめぐる事態の進行は、前項で紹介した我妻、加藤一郎、森島の三著にいずれも同じ主旨のことが書かれている。昭和一二年(一九三七年)の我妻著によれば、判例は、既存の法律体系において「権利」と認められたものを侵害しなければ不法行為は成立しないという理論に固執する傾向があり、これにより不当な結果を導いた顕著な例として、大正三年(一九一四年)の有名な雲右衛門事件の大審院判決をあげる(大判大正三年七月四日、刑録二〇輯一三六〇頁)。

この事件は、当時、浪花節の第一人者だった桃中軒雲右衛門が吹き込んだ蝋盤の権利をもつ者(原告)が、それを勝手に写し取りレコードを製造・販売した者(被告)に、著作権侵害を理由に不法行為法による損害賠償を求めた。判決は、その楽曲は確固たる旋律がなく、即興的、瞬間的創作に過ぎないから著作権の対象にならないとして、浪花節について著作権の成立を否定したうえで、他人が費用をかけて蝋盤に吹き込んだものを写すのは正義に反することではあっても、取締法がないので不問にするほかかない、とした。つまり、浪花節に著作権は成立しないから、そのレコードにも著作権はなく、七〇九条にいう「権利」はないから、レコードを勝手に売り出しても権利侵害にならないというのであった。

しかし判例のなかには、特定の権利の侵害を指摘することなしに不法行為を認めた例も少なくなかった。そして大審院は、昭和一二年の我妻著が「比較的近時」とよぶ大正一四年(一九二五年)に、大学湯事件の判決で、「権利」の概念に固執しない方向へ明らかに転換した(大判大正一四年一一月二八日、民集四巻六七〇頁)。

京都大学の前で建物を賃借して大学湯という風呂屋を営んでいた甲(原告)は、家主乙(被告)との間に、賃貸借の終了時にはその「老舗《しにせ》」(営業権のようなもの)を自分がほどこした造作とともに他に売却するかまたは家主が買い取る特約があったのに、賃貸借の合意解除の後、家主が丙(被告)に賃貸してしまったので、特約の不履行による責任、または(その特約が認められない場合)「老舗」を失わせた不法行為責任による損害賠償を求めた。下級審は、特約の存在を否定するとともに、「老舗」は権利でないからその侵害は不法行為にならない、とした。

上告審で大審院は、つぎの趣旨の判示をして、原告を救済した。

七〇九条に「他人の権利」とあるからといって、これを具体的権利の場合と同様の意味の権利と解し、不法行為の訴えがあると侵害されたのは何権なのかと詮索に腐心し、われわれの法律観念に照らして大局から考察する用意を忘れ、不法行為の救済を局限するようなことは、無思慮も甚だしい。この場合、侵害されたのは、原告が「老舗」の売却によって得べかりし利益であり、それはわれわれの法律観念では、不法行為による損害賠償を認めて保護する必要のあるものである。

これが大正一四年だから、民法施行から二十七年たっていた。法典調査会が意図した七〇九条のられていれば、もっと早くそうなっていたことと惜しまれるのである。

「権利」の正当な解釈に、裁判所が自力で到達したとみられるのだが、もし法典調査会の議事録が知

不法行為法学の虚構

法典調査会議事録からの断絶は、第二に、不法行為法学の展開に影響を及ぼさなかったはずはない。私が不法行為法を学習しようとした森島著によれば、昭和三二年の加藤一郎著のあと、「交通事故訴訟をさきがけとし、公害、薬害、医療過誤などの人身損害訴訟」をめぐって、その「多様な事件の実体に応じて多彩な判例理論と学説が展開され、いまや不法行為法ないし不法行為法学は混迷状態にあると評されるほど、複雑多様な様相を呈している」、という(同書一六頁)。

公害、薬害、医療過誤などの事件は、私が名古屋大学在学中にも日々報道されていた。それらの実際の事件を観察しながら森島著で学習していた私の印象では、その百花繚乱といえる学説の展開は、社会の実情に目を閉ざし、社会が必要としていることには無関心で、社会的にどれほどの意義があるかと思われる議論をことさらに難しくしているようで、なにしろ難解なのである。森島著が不法行為法学は「混迷」状態というのを、私なりにいえば、そういうことだった。

その後、法典調査会議事録を読んで思うのだが、百年前につくられた民法の七〇九条以下の条文は、いま読むと、片カナ漢字交じりで句読点のない文語体だから読みにくい。しかし、その時代に読み書きのできた人を基準にすれば、難解な用語はなく、おそらく苦労しないで読めた文章であろ

う。法典調査会の議事録も、片カナ漢字交じりで句読点のない速記文だから、読みにくくはあるが、穂積陳重の説明をよく読むと、なんと親切で平易な語り口だろう。明治期に穂積・富井・梅らが意図した民法が、その後の百年間に、学者による難解化の作業が進行し、いまでは私程度の読み書き能力では不法行為の法学を理解できないほどになってしまっている。

不法行為法学のキーワードを一つ、二つ比べてみよう。

法典調査会議事録には「原因結果の関係」とあるのを、いまの法学は「因果関係」とよぶ。明治の人たちも「因果」という語は知っていて、会議だから明瞭にするために「原因結果」と言ったのかもしれない。とにかくこの語には、明治と現代との間に連続性がある。

法典調査会議事録にはまったく使われていなくて、不法行為法学が大きく取り上げるのは、「違法な侵害」、「違法性阻却事由」など不法行為の「違法性」をいう語である。本書で前に「不法」と「違法」の違いを示したのは(前出一五一頁参照)、これから述べることへの伏線だった。この二語の違いを紛らわしくしたのは、七〇九条の「権利侵害」はむしろ「違法性」に置きかえて読むべきだという説であり、我妻著に詳しく説かれている。加藤一郎著は、この説を「違法性」の理論と名づけ、それが優れている理由を、要旨つぎのように主張している(同書三六頁)。

今日でも、「権利」を広く解しさえすれば、違法性という別のものをわざわざ持ち出さなくてもよいという考え方が、かなり有力に主張されている。たしかに、解釈論としては「権利」を広く解する方が容易である。しかし、私はやはり違法性の理論の方がすぐれていると考える。

その理由は、「権利」の概念は固定的になりやすいのに対して、「違法性」の内容はかなり弾力的・流動的である。「権利」を広く解する考え方に立てば、この欠陥は小さくなるが、それでもはたして何権の侵害かという権利の名称に捉われるおそれがないわけではない。

最近の学説は違法性の理論の考え方をとるものが多く、それに、違法性の理論は、立法の上にもしだいに現れてきている。昭和九年には、不正競争防止法が制定され、他人の商品と類似する氏名、商号、商標、包装を使用したり、虚偽の産地の表示をしたり、他人の信用を害するような虚偽の事実を流布したりして、他人の「営業上の利益」を害した者は、損害賠償の責任を負うこととなった(同法一条ノ二)。これは「営業権」の侵害といってよいかもしれないが、むしろ営業上の利益の違法な侵害という方が適当であろう。昭和二二年の国家賠償法は、公権力の行使にあたる公務員が「故意または過失によって違法に他人に損害を与えたとき」に国が賠償責任を負うものとして、「違法性」を表面に出し、「権利侵害」の語をはずしてしまっている。

この主張に、説得力があるだろうか。理由としてあげられている、「権利」の概念は固定的になりやすいというのは、法典調査会で穂積陳重ら委員が危惧して討論したことだった。もし法典調査会議事録の内容が知られていれば、このような主張は出なかっただろうし、「違法性」の理論は生まれなかっただろう。

「違法性」の理論が優れているとの主張のために、ここでは不正競争防止法と国家賠償法が引き合いに出されている。そこに書かれていることに注意して、よく考えよう。

表 4.1　国家賠償法

国家賠償法　1 条（公権力の行使に基づく損害の賠償責任、求償権） ①　国または公共団体の公権力の行使に当る公務員が、 その職務を行うについて、 故意または過失によって違法に他人に損害を加えたときは、 国または公共団体が、これを賠償する責に任ずる。

国家賠償法（表4.1）の場合、「違法に」と規定することには、公務員の職務についてては多くの法律があり、そのいずれかに違反して、という特定の意味がある。

たとえば警官が市民を逮捕する場合、逮捕状（刑事訴訟法一九九条ほか）によるなど適法な手続きをふんでいれば、警官に落ち度はなく、もちろん国家賠償法の出番はない。ところが、そういう法定の手続きによらないとか、理由もないのに勝手に逮捕するなど、不適法に、違法に逮捕するようなことがあれば、逮捕された人はその違法を理由に国家賠償法により損害賠償を請求できる。「違法に」のそのような意味を考えれば、七〇九条の「権利侵害」を一律に「違法性」に置きかえるのと同じではないことが理解できよう。

不法行為法と国家賠償法は、一般法と特別法の関係にあり（図2.2参照）、国家賠償法は、公務員の職務に関する違法な行為について定めている。国家賠償法に「違法に」とあるからといって、不法行為全体に及ぼす理由にはならないのである。

不正競争防止法は、加藤一郎著が述べているように、「他人の商品と類似する氏名、商号、商標、包装を使用したり・・・」した者は損害賠償の責任を負うことを規定している。この法律ができてそのように規定されれば、それの違反は、まさに「違法」である。ところが世の中には、市民が侵害と感じることで法律に規定されるに至らない事柄がいろいろある。社会で起きている現実の事件のディテールにも目を向けるべきで、「違法性」の理論は、国家賠償法にせよ、不正競争防止法にせよ、机上で自説に都合がよいところだけをとらえているように思われるのである。

翻って、「権利侵害」説によるにせよ「違法性」説によるにせよ、救済されるべきものが救済されればよいのだから、その限りでは、「違法性」の理論は実害のある学説ではない。しかし、それが不法行為の法学に及ぼした影響を考えなくてはならない。

この説は、「不法」という語に意味を与えないで、「不法行為」という日本語の意味をあいまいなものにした。明治期の起草者は民法のこの章の題号を、学識を傾け慎重に選んで「不法行為」としたのに（前出一六二頁参照）、その努力を無にするようなことをした。その影響で後学の私が「不法」という語に囚われ、こうして無駄ともいえるような努力をすることになり、一書生の立場ながら極めて不満なのである。

この日本の不法行為法学の主流は、一方において、法学を社会に無関心な閉鎖空間に閉じこめて難解なものにし、他方において、明治期に穂積・富井・梅が達成していた法のグローバルな開国状態を、再び鎖国状態に戻したものといえよう。

「違法性」の理論は、右引用にみるように、「違法性の内容はかなり弾力的・流動的」だというのだが、裏返せば、「違法」あるいは「法」というものをどのように考えたかという疑問がある。法は本来、定められたものだから、流動的といえるのかどうか。起草者は、法律に規定されていることと、規定されていないことの区別を認識していた(前出一五五頁参照)。社会では、この区別は大切であり、多くの市民は関心をもって区別する。法律に規定されていることには「違法」という語が適当し、法律に規定されていないことについて社会的に非難されるようなことがあっても「違法」とはいわないのが、日本語の普通の用法である。社会的非難を表現する語には、違法という以外に、道義(=モラル)に反する、倫理に反する、などという語が存在する。このあたりに大きな問題が隠れていると思われるので、なお次章で述べることにする。

「違法性」の語は、「違法性阻却事由」という用語とともに普及した。

通常は違法性がある場合でありながら、何らかの事由があって違法性がないとされることがあり、それを違法性阻却とよぶ(17)。こういうと法の領域で広く使われるかのようだが、「違法性」の理論を唱える不法行為法学に限られた用語である。

「阻却」とは、しりぞける、というような意味である。不法行為法に、正当防衛の規定があり、他人の不法行為に対して防衛するためにやむをえず加害行為を行なった者は損害賠償の責任を負わなくてよい(民法七二〇条一項本文)。我妻著のころ、違法性阻却事由という用語が創始され、この規定の解釈に用いられるようになった。加害行為は本来、違法なものだが、それが正当防衛のための行為である場合は、違法性が阻却され、したがって損害賠償の責任を負わない、と説明する。

正当防衛について、法典調査会議事録では、「不法行為としない」、「これを不法とはしない」、「不法行為にならない」などという語が用いられている。不法行為になるかならないかが問題で、不法行為なら賠償責任を負う、それだけのことである。「違法性」とか「違法性阻却事由」などという難解な用語を持ち出すまでもないのである。

違法性阻却の他の例として、被害者が承諾しての加害行為の場合、および、法令に規定があるような正当業務が加害となる場合、いずれも違法性が阻却されるという。これらもまた、不法行為になるかどうかの判断で十分であり、もし程度を問題にするなら「不法行為性」の程度を言えばよい。「阻却」という難解な漢字を用いたいなら、「不法行為性の阻却」でよいのではなかろうか。

それにしても虚構性をもつ「違法性阻却」の概念は、信奉者たちの間に普及しているので、法学の閉鎖社会から容易に消えることはないに違いない。

森島著の「序説」につづく章の見出しを順番に並べて、「違法性阻却」の位置づけをみよう。

（第 二 章）使用者責任
（第 三 章）工作物責任
（第 四 章）共同不法行為
（第 五 章）責任能力
（第 六 章）故　意
（第 七 章）過失と違法性

（第　八章）無過失責任
（第　九章）因果関係
（第一〇章）損害論
（第一一章）不法行為による損害賠償請求権の消滅時効
（第一二章）不法行為法の目的ないし機能

この一覧は、不法行為法において何が争点かという森島著の問題意識を示すもので、これらの章ごとに学説の展開が述べられている。「違法性阻却」は、第七章で扱われている。この虚構を生み出した不法行為法学は、他の章のテーマについても同様の性格の学説を生産していないだろうか。これは際限のないことだから、この辺で区切りをつけることにする。

森島著には、すでに述べたように、わずかながら法典調査会議事録の引用がある（前出一七二頁参照）。それにつけて思うのだが、引用しながらの記述に、つぎのようなネガティブな評価の表現が目につく。

「十分検討されていなかったようであり、起草委員の説明も必ずしもはっきりしていない」（同書第四章、八八頁）

「起草委員の説明には混乱が少なくないように思われる」（同章、八九頁）

「十分審議されなかった」（同第五章、一四二頁）

「起草者は、加害者の故意・過失があればなぜ責任を負うのかという点について積極的な根拠づけ

をしていない」(同第六章、一五六頁)
「被害者に過失があるときに、発生した全損害を加害者に賠償させるのがなぜ「不都合」なのかという点については、当然の理と考えたせいか、とくに説明していない」(同第一〇章、三八三頁)
「法典調査会ではこれ以上の議論はなされていない」(同第一一章、四一九頁)

森島著のこれらの指摘は、読者の立場になってみるとどうだろうか。法典調査会における不法行為法の審議の全体像が示されずに、ただ断片が近年の学者たちの学説の先進性を際立たせているかのようで、少なくとも法典調査会議事録を読んでみようという意欲を起こさせるものではない。

閉鎖空間のなかの営みの行方

皮肉な言い方をするなら、「違法性阻却」という語を使わないことにすると、教室で学生に質問する教師や、各種の試験の出題者が困る。「違法性阻却事由について述べよ」といった、いかにも高等な法学めいた出題の手持ちが少なくなるからである。

法学では、漢字を数語つらねた難解そうな法学専門の用語が尊重される。そういう語句を数多く知っていて、教室であてられれば手短かに即答できるのが、優秀な学生とされる。実際の社会で法律問題と取り組むのに役に立つのは、即答可能な知識ばかりではないのに、そういうことが高く評価されるのである。このことは法学部に二年間在学した経験にもとづく慎重な考察だから、決して間違いではない。かりに不法行為法の科目で、森島先生が私を指名して、「違法性阻却とは何ですか」

と質問されたとしよう。社会経験を積むと、ものごとを多面的に観察する習慣が身につく。それは丸暗記の知識を即座に並べる才能とはまったく反対のものだから、どこから答えようかともぐもぐするうちに一秒、二秒、三秒とたってしまう。そのようなことでは教室での優秀な学生になれない。ただしこれは仮想の話で、私が森島先生に実際にあてられたことはない。

この章では不法行為法について述べてきたが、不法行為法学の体質と、ＰＬ法についての法学の体質は同じであり、難解語の系譜は、ＰＬ法にも及んでいる。

ＰＬ法四条が製造業者の免責を規定していて、一号が、引渡し時の科学技術では欠陥がわからなかった場合の免責である。その説明に「開発危険の抗弁」という語が使われ(前出一二八頁参照)、七省庁解説の説明の見出しには、大きな活字で「開発危険の抗弁（第一号）」とある。ＰＬ法の場合とくに、製造業者や技術者など法学的知識のない人たちが直接の利用者となるのだから、法学好みの難解語を持ち出すべきではない。製造業者が引渡し時の科学技術の知見では欠陥がわからなかったことを立証すれば免責される、と説明すればわかる。短くするなら、科学技術の知見を理由とする免責、とすればよい。

難解語の技法は、全体的な知識をバラバラにして、その個々を丸暗記に適した適当な長さの定型的知識に仕立て上げ、漢字羅列の名称をつける。「違法性阻却事由」、「開発危険の抗弁」などがそれであろう。難解語の技法は、それを尊重する人々には、いくつかの貴重な効用がある。

一番目に、一般市民に、法律・法学は難しいものだとの印象を刻み、法律家（法学者を含む）の権威を確立するのに役立つ。

二番目に、法学の営みは、定型的知識を与える者と与えられる者との関係になり、与える側が絶対的権威をもち、与えられる側は忠実に暗唱することによって地位の保障が得られる。

三番目に、「違法性阻却事由」というふうに争点の定型が定められ、法学はそういう限られた数の争点だけを対象にしていればよいというコンセンサスが成立する。新規の争点を開拓する努力は大変だが、既成の争点の範囲内での耕作なら、少ない労力で多くの論文を生産でき、それだけ法学は活況を呈するので、学者にはとくに有用である。

四番目に、学習成績を評価する試験の出題を、既成の争点から容易に選ぶことができる。争点ごとに通説、多数説、少数説などが明瞭になっているので、試験のマニュアル化が実現し、評価する側の出題と採点にも、評価される側の学習と解答にも都合がよい。

こうしてみると優れた効用ばかりのようだが、そうするうちに、全体と個々の定型的知識との関連が見失われ、閉鎖空間の中で既成の争点について精緻な解釈を追求するのが法学、ということになる。

むすび

この章を終わるにあたり、不法行為法を学習し始めたときのことをもう一つ告白しよう。

森島先生の講義で学習を始めてすぐのことだが、森島著の「はしがき」に、こう書かれている。

自然科学における理論は、客観的な現象に対する体系的な説明づけであるが、法解釈における「理論」は解釈者の価値判断の正当化である。

私は自然科学を利用する技術を専門とする技術者であり、それが法学部三年に編入してすでに一年間、法解釈などの法学を学習し、双方の比較が関心事だったから、これを見過ごすわけにはいかなかった。法学と自然科学をこのように対比する法学者は少なくないが、それにしても、なぜ不法行為法学の「まえがき」に唐突に出されているのだろう。

自然科学は、自然現象を観察し、そうして得た知識の体系的な説明づけをする、ということなのだろう。それなら、法学は、社会において人間が意思をもって行動している現象の法的側面を観察し、そうして得た知識の体系的な説明づけをするものでないのだろうか。現象に関心をもたず、全体の体系など考えず、バラバラのまま個々の条文ごとに解釈し、そういう「解釈者の価値判断の正当化」が法解釈における「理論」だとしたら、糸の切れた凧《たこ》のように、人間不在の収拾のつかない展開をすることになる。法学は一体、誰のためのものなのか、もっぱら法学者のためのものだろうか、と私は推量したのである。

百年前、法典調査会の人々には、西洋法を継受して日本のものにした不法行為法の全体観があった。一例として、現行七一〇条は、法典調査会に出された原案では後ろから三番目の条文だったものが、討論によって、「財産以外の損害に対する賠償」がありうることを明示するには七〇九条の次へ移したほうがよいという結論になった(同議事録四五四頁)。何でもないことのようだが、そういう討論ができたのは、全体観があったからである。

法学にはさまざまなタイプの著作がありうるにせよ、学生のための教科書には、体系的な把握がなければならない。法学で基本的に大切なのは、人間性に根ざし、社会とつながりのある、健全な全体観であろう。学生向けのれっきとした教科書として使用できる体系書があるかどうかは、その分野の学問が社会の要請するレベルに達しているかどうかの目安になる。この章では、森島著を槍玉にあげるようなことをしたのだが、日本に他に良書があって森島著がそうではないという趣旨では、決してない。すべてに目を通したわけではないが、日本ではこれまで、不法行為法の体系書として十分なものが見当たらないように思うのである。

私は物理的な年齢は森島先生と同じ世代ながら、法学の学習を始めたのは、私のほうが三十五年ばかりも後である。その私が、森島先生の時代の法学の知識を丸暗記するだけでは、法学をやる意味はない。森島先生の時代には気がつかなかったことや解決できなかったこととか、その時代よりも三十五年後の現代社会が必要としていることに、目を向けなければならない。

第5章　グローバル化時代の課題

裁判官への非難は正しいか

東京大学の山上会館での一夕の出来事である。

七十年ぶりといわれる民事訴訟法の大改正が、新しい民事訴訟法として平成八年(一九九六年)六月に公布された機会に、その年の一一月、ある研究財団による「新民事訴訟法の成立」と題する講演会が開催されていた。

民事訴訟法は、初め明治二四年(一八九一年)に施行、三十五年後の大正一五年(一九二六年)の全面改正が、昭和四年(一九二九年)に施行され、それから第二次大戦をへて七十年ぶりの改正である。施行は九八年一月一日で、本書にも引用されている(前出一三一頁参照)。

講師は、民事訴訟法で知られる大学教授である。演目の終わりに近く、「改正の成敗を決するもの」というところで、私は思わず耳をそばだてた。講師が生き生きとした表情で、これが言いたいとばかりに、「司法改革なき手続改革には限界がある。明治二四年の法律施行時とあまり変わらない裁判官には期待がもてない」という趣旨のことを強調されたのである。

「手続改革」というのは、民事訴訟法は民事訴訟の手続を定めるもので、その改正を指している。司法改革の「司法」は、裁判所のことである。つまり、民事訴訟法は改正したけれど、「明治二四年の法律施行時とあまり変わらない裁判官」では致し方ないという裁判官批判、というより裁判官非難のように聞き取れた慨嘆だったようである。

そのあと考えて、私は思った。この人は大学での講義でもこのようなことを話すのだろうが、軽口な裁判官非難が、学生の意識に影響することもあるのである。

このたびの民事訴訟法の改正は、民事裁判に時間と費用がかかりすぎるなど、国民の大多数がよほどのことがない限り裁判はしたくないと考えている状況から、「民事訴訟を国民に利用しやすく、わかりやすくする」ことを目標とした。まず法律をわかりやすくするために、法文の表記を、明治以来の片カナ書き・文語文から、現在の法令の表記の方法に従い、平がな・口語体にすること、用語や表現をできるだけわかりやすく言い換えること、および、法律の編別構成（編・章・節の分け方）をわかりやすくすることに、かなりの努力が払われた。法の内容である民事訴訟手続の主要な改正は、つぎのようなことである。(1)

①争点整理手続……裁判の早期に、争点と証拠の整理を集中的に行なって、立証すべきことを明確にするための手続である。これにより、そこに焦点を当てた効率的な証拠調べをすることができ、テンポの早い裁判が可能になる。準備的口頭弁論、弁論準備手続、書面による準備手続、の三つの手続が設けられた。

②証拠収集手続の拡充……相手方や第三者の手中にある証拠を強制的に裁判の場に出させる手続（証拠収集手続）であり、あまりに強力にすると弊害もあることを考慮しながら強化された。裁判所による文書提出命令の対象となる文書の範囲の拡充、および、相手方に必要事項について書面で照会できるようになった。

③少額事件訴訟の創設……少額の事件は簡易な手続で迅速に解決するために、請求額が三〇万円以下の金銭請求では、原則として一回の法廷で審理を終え、直ちに判決の言い渡しをする。

④最高裁判所に対する上訴制度の整備……とくに理由がないのに上告される事件が増加しているので、最高裁が憲法判断および法令解釈統一という本来の責務を十分に果たすことができるようにするために、上告理由と受理を制限する措置である。

以上①～④の趣旨の改正だから、たしかに、効率的な司法制度と連動しなければ、改善の効果は上がらない。しかしそこでのブレーキとなる要素を、「明治二四年の法律施行時とあまり変わらない裁判官」という表現で、裁判官のみのせいにしてよいのだろうか。

弁護士のなかに、裁判官は頭が固くて困る、裁判官は世間知らずで困る、とこぼす人がいる。もし読者の周辺にそういう弁護士がいたら、いくらか警戒したほうがよい。自分の思うような判決にならない場合、弁護活動が不十分ということもありうるからである。

裁判に直接に関与する法律家は、民事では、裁判官と弁護士である。裁判が批判を受けるようなことの責任は、ちょっと見には、裁判官と弁護士のいずれかまたは両方にある。しかし、裁判は法的判断の場であり、判断の論理を組み立てる理論が必要で、法の理論をになうのは法学者であるなら、法学者の怠慢によって法理論の発達が後れ、訴訟改善の体質的なブレーキになることがありうる。前章で見たように、不法行為法学の姿勢は、明治の法典調査会の人々が到達していたレベルから、後退している面がないではない。

法とモラルの区別

「違法性」理論の源泉を求めると、前掲の我妻著で、十六行からなるパラグラフに行きつく。前章で引用した加藤一郎著の記述もそこから出ている。とりわけ核心は、昭和九年制定の不正競争防止法を引用して述べているつぎのくだりにある(傍点は筆者による)。(2)

その法律(不正競争防止法を指す)は要するに一定の道義に反する手段方法をもってする競業について不法行為の成立を認めたものである。最も自由放任の尊重せられた商業の分野においてこの法律の成立したことは、不法行為の要件たる権利侵害という固定的観念が、「違法なる行為」、という流動的な観念に移ったことを示すものに他ならない。

難解な文章だが、よく読むと、ここに、「違法なる行為」という「流動的な観念」、とある。違法な行為が流動的な観念というからには、法もまた流動的なところのある観念、という見方なのだろう。「法」を固定的ととらえるか流動的ととらえるかは、法を考えるについて大きな分岐点である。

その見方がどこから出ているかを考えると、ここに「一定の道義に反する」とあるように、我妻

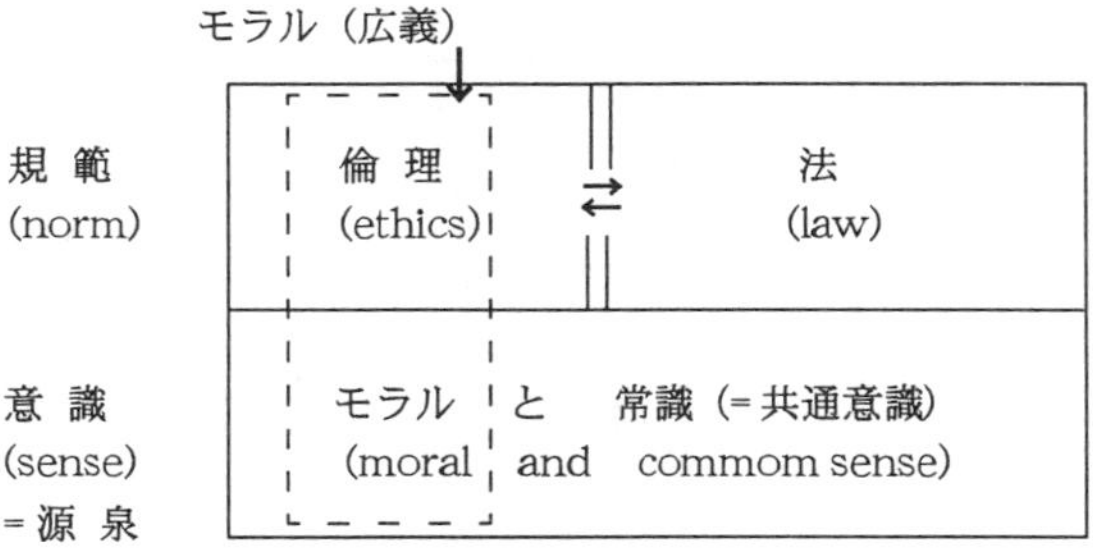

図 5.1　法と倫理の関係

著は「道義」に目が向いている。道義とは、法学では「モラル」のことをそういう。

アメリカでは、法とモラルの区別がはっきりしている。それを前提にして、法が説かれ、モラルが説かれている。

そのことは、図で示すとわかりやすい(図5.1)。ある社会に生活する人々の意識の次元に、「モラルと常識」がある。それが源泉となって、その社会が必要とする社会規範が発生する。社会規範となるのは、法と倫理である。この二種類の規範は、法の足りないところを倫理が補い、倫理の足りないところを法が補うという、補完関係にある。図に点線で囲ったのが広義の「モラル」であり、日本語で「道徳」というのは、これを指すことが多い。西洋では法とモラル（道徳）が区別されていることが、つぎのような有力な翻訳例によって紹介されてきた(3)。

> 法は明白に、道徳と区別される。法の目的は個人を、組織された社会の意思に服従せしめることであり、これに反して道徳の傾向は、個人を、個人自身の良心の命令に従わしめることである。

他方、日本ではこの区別はどうだろうか。我妻著は、前章の大学湯事件について、要旨つぎのように述べている。(4)

この判決の最も注意すべき点は、家主乙の行為はむしろ所有権の行使であって、少なくとも明瞭には「法規違反」とすべきものがないことである。形式的な法規を規範とするかぎり、乙の行為に「法規違反」はない。しかし、湯屋営業のもつ独立の経済的価値、甲がこれを築き上げるの多大な資本と労力を費やしたこと、その家屋に付着しているものを取り外しては価値を失うものであること、甲乙間に平穏な賃貸借関係が長く続いてきたこと、いま乙が丙にこれを賃貸して利益を得ていること、などを総合的に考察すれば、乙の行為は公序良俗に違反することは疑いない。そして、この公序良俗違反の点に、その行為の違法性を求めなければならない。そうであれば、この判決は、「権利侵害」を「違法性」に転化させた点だけでなく、その「違法性」は、「法規違反」に限らず、「公序良俗違反」をも含むことを認める点において、真に画期的というべきである。

ここにみるように、「法規違反」だけでなく「公序良俗違反」も「違法性」のものだという。法規は制定法でありそれに違反するのは違法だが、公序良俗に違反することがどうして「違法」だろうか。公序良俗は、本来、モラルないし倫理の次元のことである。公序良俗は広い漠然としたもので、そのうち適用範囲が限定されるなど具体性があって法に繰り入れられた事項はもちろん法であり、残りの漠然とした部分は依然としてモラルないし倫理の次元にとどまる。

日本では民法に、公序良俗（＝公の秩序または善良の風俗）に反することを目的とする行為は無効、と規定されている(民法九〇条)。民法はもちろん法であり、公序良俗違反の行為はこの規定によって無効とされるのだから、公序良俗違反も「違法」と同じになる。我妻著が「公序良俗違反」も「違法性」のものだというのは、日本民法の表現のうえではありうることなのである。

日本では、このとおりモラルも法に取り込まれていて、法とモラルの区別がない。つまり、法はモラルとの間で流動的なものと考えられている。

法とモラルを区別しないことの不都合は、順守を確保する方法の区別をみると、おのずから明らかになる。

法には、順守しない者に対して法的手続による制裁があり、これには刑事法による刑罰と、民事法による損害賠償がある。他方、モラルには、法によらない社会的制裁があり、医師、弁護士、技術者などの専門職では、所属団体による倫理規程違反の制裁がありうるものの、制裁という他律よりは、行為する人の自治、自律による実行に期待される。

アメリカにも日本にも、法はある。倫理となると、アメリカでいうところのethicsを日本では「倫理」と翻訳するが、アメリカのそれは生きている社会規範であるのに対して、日本では大学の文学部などで行なわれている哲学の「倫理学」があり、そこで説かれていることは法の向こうを張る社会規範といえるものではない。近年、アメリカの倫理重視の傾向に刺激され、日本でも注目されるようになってはいる。しかし、日本で社会規範としての倫理が育ちにくいのは、民法の扱いにみるごとく、法と倫理の区別が認識できていないところに原因があると思われる。

九九年三月、医療のカルテ開示の法制化をめぐるシンポジウムがあった(5)。坪井栄孝 日本医師会長は、情報開示のガイドラインをつくり、その組織のなかに苦情処理機関を設けること、ガイドラインを守らない会員には強力な指導、教育、研修を受けさせること、などの自治的な努力をするから、「法制化論議は、我々がすることを少し見てからにしてくれ」と、法制化には断固反対の態度を表明した。このように専門職個人の意識と、専門職団体の自治とに期待するのが、倫理の特徴である。他方、厚生省カルテ開示等の診療情報の活用に関する検討会座長として、森島先生はつぎのように述べておられる。

日本医師会のこの一月の報告書には、こうあります。「すべての医療関係者がインフォームド・コンセントを理解し、実践する状況に至っていないということも事実である」。法で義務づけていたら、もっと実践が進んだだろうと、悔やまれます。

(カルテなどの)診療記録が開示されねばならない理由の第一は患者の自己決定権、第二は自分の情報を知り得るのが当然であるという思想で、いずれも現代社会で非常に重い価値を持っています。

倫理は法律になじまないと医師会は言われますが、刑法は「人を殺すな」、民法は「夫婦は、互いに協力し、扶助しなければならない」と定めています。

カルテの開示も同じで、ふだんは法律は必要ない。しかし、仮にカルテを出してくれない先生がいたときに、「あなたはいやだと言うかもしれないけれども、出してほしい」と主張できる根拠を与えます。

カルテ開示を法制化すれば政府の意思として、「社会に求められている、社会にとって必要だ」ということになり、環境整備のための予算など実質的な措置を積極的にとらざるを得ない責任が政府に出てきます。

この森島説は、法と倫理の区別がない日本の法学に親しんだ人の代表的な見解といえよう。社会規範として個人の自律的な倫理が認識されていないから、社会的に重要なことはすべて法律をつくって強制する発想になる。

私が法と倫理の関係について考えるようになったのは、九八年、アメリカの工学教育で使われている技術者倫理の教科書の翻訳を通じて、アメリカにおける専門職の倫理についての考え方と手法を学んでからのことである(6)。

森島説では、人を殺す、夫婦の協力扶助、などという市民一般のことと、医師という専門職のことの区別がなされていない。一般市民と専門職は、人間としては同じだが、医師などの専門職には専門職であるがゆえの責任がある。それをどう遂行するかが問題であって、専門職の性格上、自治、自律に重みが置かれるのである。法でしばることに重みを置くと、専門職に適した規範が目に入らなくなる。

若き日の丸山真男が、我妻の「精緻な法律構成は解きほぐして行くと、『個人主義より団体主義へ』という陳腐にして空漠たる標語に還元してしまうのだ」と評した(7)。以上、「違法性」の理論を読解して、その近辺にたどりついたのかもしれない。

判例法の位置づけ

PL法ができる前から不法行為法のもとでの製造物欠陥事故の判例があり、それらがPL法のもとで今後現れる判例と同じ重要性をもつことは、すでに述べた。本書で扱った二件の判例はいずれも不法行為法のもとでの事件だが、PL法のために重要と思われるので、詳細な検討を加えたのである。

不法行為法（PL法を含む）の教科書には、当然、不法行為事件（製造物事故を含む）の判例が引用される。二件のうち松下カラーテレビ発火事件は、判決が数年前なので、一九九九年末現在の教科書の記述にはまだ現れない。他方、カネミ油症事件は、刑事事件の一審判決が七八年三月で、これで確定した。いくつかの民事事件は、最初の一審判決が七七年一〇月、最初の控訴審判決が八二年一月、最終の控訴審判決が八六年五月、最高裁での和解による決着が八七年三月二〇日、という経過である。したがって、いま書店に並ぶ教科書には、この判例の記載が見られる。しかし意外に思われるのは、そこでの扱いが、これの事件名と記載文献名を示して一、二行ふれる程度なのである。もちろん事件は多いからこれのみに多くのページ数をさけるわけはないが、どの事件にせよあまりに簡潔な扱いである。極言すれば、学説がサシミなら、判例はツマぐらいの感じである。

アメリカでは、法とは、制定法とコモン・ロー（=判例法）をいい、このことがはっきりしている。日本はどうか。こころみに法学教授といった人に質問してみるとよい。多くは、明快な答えが返ってこない。はっきり答える人がいれば、日本は制定法主義の国だから制定法だけが法である、という答えをするだろう。日本では、それほど判例法の位置づけがあいまいなのである。

アメリカ思想について、西部 邁がつぎのように述べている。(8)

自由が法によって制約されなければならないということ、しかもその法の支配は、特定集団の利害によって左右される制定法によってではなく、歴史の試練をくぐり抜けてきた普通法《コモン・ロー》によってなされなければならないということ、これが「新しい」自由主義の特徴である。

ここで、制定法とコモン・ローの対照に注目願いたい。

制定法は議会の決議によって成立するから、議会の多数を占める政権党に都合のよい立法が行なわれがちなことは、日本でも経験することである。他方、ある事件で裁判官が判決をするのに用いた論法が優れていれば、同種の事件の他の裁判に用いられ、そのようにして他の裁判官や法律評論家の批判に耐えて残った規範が、法として一般に認められて判例法になり、その社会に共通するコモン・ローとなる。制定法が議会の承認によって成立するのに対して、コモン・ローは、社会のなかで年月をかけて承認を獲得するのである。

ここに述べたことから、コモン・ローが発展するのはアメリカのような自由主義、民主主義の国で、制定法が発展するのは全体主義の国、といえそうだが、歴史上の一般的傾向としてそういうことはあっても、現代の法を説明するには、必ずしも正しくない。

制定法は、いったん制定されると、つぎの改正が行なわれるまで、そのまま固定される。他方、社会で起きる事件はさまざまで、時代による変化もあるから、法がそれらの実情に合わなくなることがありうる。制定法は、法を明示するのには適している反面、そのような硬直性による欠点がある。それに対して、日々行なわれる裁判では、事件の実情に合わせ、その時代の市民の意識に即した判断をすることができる。そういう裁判所の判断が判例であり、その集積から浮かび上がる法が判例法である。そういうことだから、法には制定法に適した部分と、判例法に適した部分とがあり、いまではどこの国でも、制定法と判例法とが互いに補完しながら共存している。

判例法の源泉は何かというと、どの社会にも「モラルと常識」があるのだが(図5.1参照)、それが源泉である。端的にいえば、モラルや常識から発生した規範が、判例を通じて法に組み入れられる。モラルと法とが区別されるから、判例法をそのようなものとして説明することができる。

他方、日本の法学では、法とモラルの区別がないから、判例法の説明がつかない。民法の公序良俗違反の規定(民法九〇条)のごとく、モラルをも包含する漠然とした、範囲の広い制定法を作って、モラル違反も違法な行為ということにすれば、制定法だけで足りる。モラルや常識にもとづく規範を法に組み入れる判例法は、存在する余地がないのである。

それを法学は、制定法主義と称しているのだが、ちょっと考えただけで、欠点がわかる。

たとえば、制定法が作られるまでのさまざまな審議に妨げられて、社会が必要とする法の供給が追いつかない。あるいは、制定法とは名ばかりで漠然とした内容の法は、民主主義社会の基本条件である法を知る権利の侵害であるうえに、具体的な事件にどのように適用するかについて裁判官は判断に苦しみ、裁判が長引くことになる。

そういう無理のあることは、法学では伝承されても、市民の法意識が進むとともに、ついには、社会に受け入れられなくなる。日本でも、実際に、判例による法が育っている。

それなら、その流れが勢いを増すようにすればよい。本書で取り上げた二件にみるように、判例は法の発展のための豊かな資源である。判例法の健全な生育は、議会をへる制定法と並んで、社会が必要とする法律を供給するもう一方のルートを確立することになる。裁判官が、法の生成に積極的に参画する意図をもって判決を書き、他の裁判官、法律家、学者がそれを分析し批判し、そのようにして判例法が形成される営みが、大きな流れとして勢いを増すと、日本の法は、社会の要請に即した、より豊かなものになる。

判例法から目を背けてきたことが、おそらく、日本の法学の根源的な害因であり、その影響には計り知れないものがあるが、本書ではここまでとする。

法学の第三の開国

ＰＬ法と品質管理技術のかかわりを知ってみると(前出一一九頁参照)、かつては大量生産のための技術であった品質管理が、ＰＬ法による賠償責任を避けるために製品の欠陥を管理する技術へと、変貌している。品質管理技術の新しい局面の発見だが、技術者の倫理を学んでみると、さらに新しい局面が開けてきた。

カネミ油症事件（前出四八頁参照）の被害者は、事故から三十余年たったいまも、食用油に混入していたPCBのダイオキシン物質による後遺症に苦しむ(9)。PL法は被害者の損害賠償請求を容易にするものであることは、すでに述べた。しかし、いかに多額の損害賠償を得ても、失われた健康、失われた生命は戻らない。事故に遭わなかった場合にその人たちが過ごしたであろう生涯に比べて、そこには法的救済では償えない部分がある。

そうすると、事故が起きてからの救済はもちろん大事だが、その前に、またはそれと同程度に、事故が起きないようにすることにだれかが積極的に行動する責任を負わなければならない。

法学が説くところによれば、法には、行動規範としての性格と、評価規範としての性格という、両面がある。これをPL法に当てはめると、製造業者は、PL法による損害賠償を課されることのないよう、欠陥のない製品を供給するべく注意して行動する、これがPL法の行動規範としての作用であり、それでもなお欠陥のある製品が出荷されて事故が起きた場合、その製造業者は製造物の欠陥による事故を起こしたのだからPL法上の責任を負うべきものと評価される、これがPL法の評価規範としての作用である。

「事故が起きないようにする」についてPL法の行動規範としての作用は、製造業者が法が定める損害賠償責任を負いたくない、法による責任の強制を避けようという、消極的な姿勢のものである。人が他から強制されてしぶしぶ対応するのは「消極的」、人がみずからの意思で行動するのは「積極的」という。自分が住む町の公園の清掃作業を想像するとよい。強制されて嫌々ながらやるのと、自発的に進んでやるのとでは、成果に差がありうるであろう。ときとしてその差は、無視できないほど大きいのである。

そこで問題は、だれがその積極的な行動をするかである。科学技術との関係でいちばん期待されているのは技術者である。現代の製造物は、ほとんど例外なく科学技術を利用している。技術者はその科学技術に携わるから、製造物の欠陥をはじめ科学技術から生じる危害をいちはやく探知し抑止することが可能な立場にいる。近年、アメリカの主要な専門職技術者の団体の倫理規程が、「技術者は、公衆の安全、健康、および福利を最優先する」と規定するようになったのは(10)、そういう社会的期待を反映したものである。品質管理技術は、大量生産のための技術から、ＰＬ法のための防備の技術へ、さらに「公衆の安全、健康、および福利」を保護するための技術へと変貌しているのである。

以上のことから、製造物の安全確保のために、品質管理技術とＰＬ法と技術者倫理という三つが、社会において互いに相関しながら作用している全体像が浮かび上がるであろう。これらの思想は三つとも、アメリカの社会で発生したか、少なくとも初めアメリカ社会で強調されるようになった。アメリカ人にとっては、それらは自分の社会に自生した文化である。そういう全体像は、机上の学習によって取得する知識というより、アメリカ人の意識の次元に潜在することなのだろう。ＰＬ法をテーマに思考を始めると、そこでの発想が、意図しなくても科学技術や品質管理につながり、倫理との補完関係につながる性格のものだろうと思うのである。

他方、日本では、三つともアメリカからの導入である。何もなかったところへの導入だから、初めから専門家の知識として扱われる。品質管理技術は、生産技術に囲い込まれて理工系に限定された知識になり、ＰＬ法は、法学に囲い込まれて法律家によるＰＬ法のみの逐条解説がなされる状況になり、昨今導入されたばかりの技術者倫理は、哲学のなかの倫理学に囲い込まれかねない。三つそれぞれが個別の専門分科の知識となり、相互間に社会的、人間的、全体的な連関がない。

この状況でアメリカ人と日本人が、ＰＬ法について対話する状況を想像しよう。全体像の意識のあるアメリカ人と、分科的知識の日本人とでは、微妙な食い違いが生じる。ＥＣ指令の翻訳について観察されたpresentationの訳語のことは(前出一一三頁参照)、この一語の翻訳にとどまらず、日本におけるこのような状況から生み出される同様のことが他にもあるとみてよい。

日本におけるこの状況を、別の言葉で表現すれば、法における鎖国状態である。民法が起草された明治期には、西洋の法との間の開国が実現していた。しかし、法律は国内法だから、その後は急速に日本国内での独自の展開が始まり、穂積・富井・梅らが獲得していた日本語による西洋法と日本法の関係の知識は、ほとんど失われた。昭和初期に、手形法の翻訳に示された赤木判事の、日本語による西洋法と日本法の関係の知識もまた、日本国内での手形法の成立とともに埋もれ、いまでは国会図書館の書庫を探さなければ見つからない。このような鎖国状態での展開は、日本の法と法学の重要な特徴といえよう。

名大法学部の三年に編入した年、「法学史」という科目で大久保泰甫先生が、明治期のそれがわが国にとって第一の開国、第二次大戦後のアメリカ法の影響が第二の開国、そして国際化のいまが第三の開国であり、これからの日本をどう考えるか、という問題提起をされた。第三の開国というとらえ方が、大久保先生の創始だったのかどうかはとにかく、法と法学の実情をとらえた適切な指摘だったと思うのである。

九九年一月一日、欧州十一カ国間の通貨統合が発足した。欧州連合十五カ国が三十年もの歳月をかけて互いの利害調整を続けてきたのだが、その実現を支えたのは、「同じ法を異なる言語で表現する」努力であった。日本は同様のことを百年前、民法典の起草の際に実現していて、法におけるそのときの開国状態が続いていたら、日本の状況はかなり変わっていたに違いない。

製造物は国際的に流通し、同じタイプの事故が国境を越えて発生する可能性がある。日本を支えている産業経済が原材料・部品・製造物の輸出・輸入のうえになり立っているから、国際的共通性のあるＰＬ法を備えなければならない。その事情は、明治期に日本が独立確保のために文明国にふさわしい法制度（法典や裁判制度）を備えていることを事実をもって証明しなければならなかったのと同じといえよう。アメリカのＰＬ法が欧州へ流れ、そのＥＣ指令を日本が取り入れたのは、偶然ではなかったのである。

グローバル化の時代は、グローバルな共通の法を、それぞれの国の言語で理解し、また、取引の相手方の国の法を、自国の言語で理解する、という対等の関係の時代である。しかし、現実には、不法行為法やＰＬ法の法学はなお鎖国状態であり、第三の開国への道が遠いことを思わせるのである。

科学技術を理解する努力

一九九九年、ベルギー産の鶏肉と鶏卵で起きたダイオキシン汚染はＰＣＢ混入によるものであり、新聞は「カネミ油症事件と類似」という見出しで報道している(12)。人は誤りをするものであり、ときに同じ誤りを繰り返すものである。判例に学ぶ意義が、そこにも認められる。

カネミ油症事件では、脱臭缶内の蛇管を流れていたＰＣＢが漏れてライスオイルに混入した。その混入の原因について、ピンホール説と工作ミス説とがあった（前出五〇頁参照）。これは二説のうち一方は真実、他方は誤りという性格のことだから、その見極めをつけなければならず、それが科学技術にかかわる鑑定の役割である。刑事事件と初期の民事事件の判決はピンホール説、後期の民事事件の判決は工作ミス説によった。つまり、いずれかが誤りの事実認定による判決をしたのである。こう書けば裁判における重要な問題であることがわかるが、従来それほど重く認識されていないについては、理由がありそうである。

例としてこの刑事事件の一審判決は、判例誌のＢ５判四段組みで百ページ弱という大部であり、大半のページにカネクロール、脱臭装置、加熱炉、蛇管腐食、塩酸など、科学技術領域の事項が出てくる。カネミ油症事件について判例評釈を書いたり不法行為法の教科書で言及する法学者は、これらをよく読んでいるのだろうか。

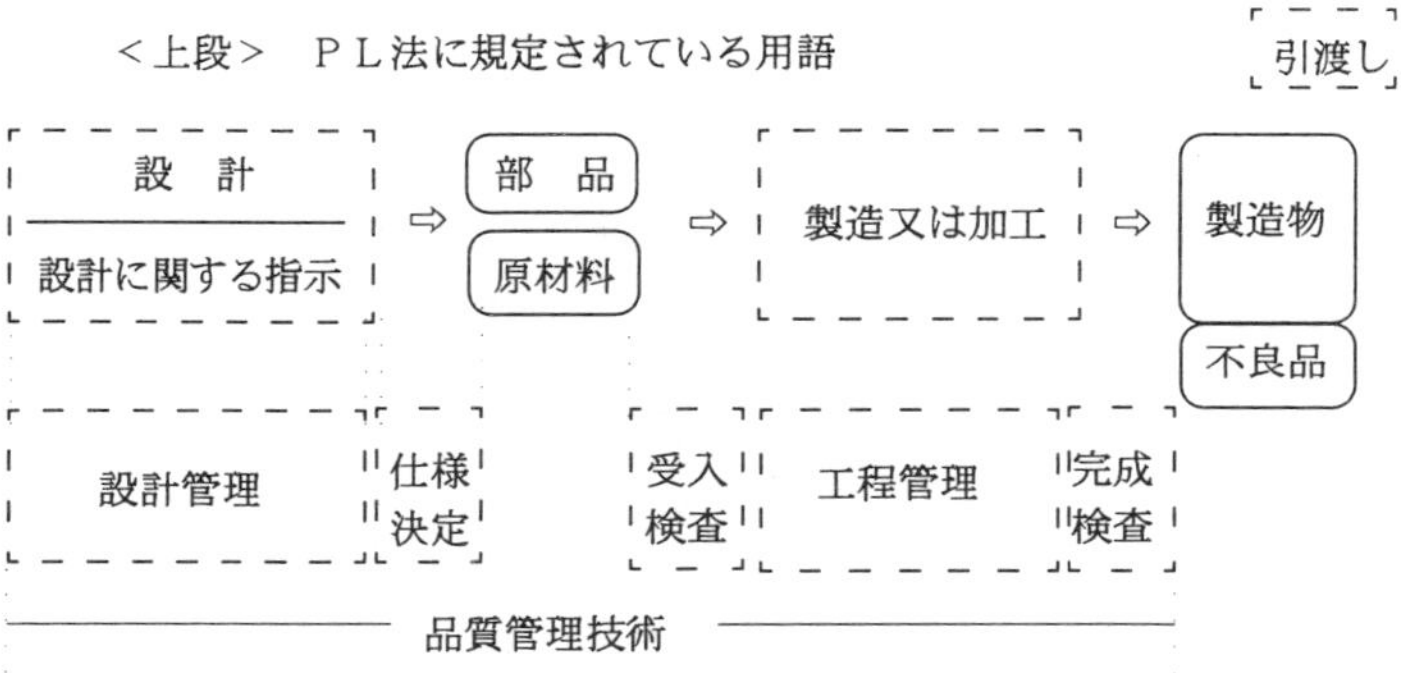

図5.2　ＰＬ法の視野 ― 法律家と技術者の違い

民事事件の判決には、裁判所による事実認定と法律判断が記載されている。事実認定にもとづいて法律判断がなされるから、当然、事実認定と法律判断は不離のものである。しかしながら製造物欠陥事故の場合、事実認定は科学技術がかかわっていてわかりにくい。判例批評や評釈は、法律判断のほうに重みを置き、裁判所は製造者に「高度の注意義務」を課しそれに違反したとして過失を判断しているとか、被害者の立証責任を転換あるいは軽減して弱い立場の被害者を保護しているとか、在来の法学の定型で片づけられる傾向がある。

松下カラーテレビ発火事件（前出九六頁参照）の判決には、事実が要領よく書かれていて、それをていねいに読むと、事務所の火災発生をはじめそれぞれの局面の具体的なイメージが浮かび上がる。判決にテレビの製造工程は詳しく書かれていないが、いまではポピュラーな商品になっているこの種の電気製品についての一般的知識から、製品の設計に始まり部品の組立から出荷に至る一連の製造工程がイメージされる。

そのイメージを、ＰＬ法の規定と対比してみよう（図5.2）。

この図の上段は、PL法の用語である。PL法の規定に、設計／設計に関する指示、部品／原材料、製造又は加工、製造物、引渡し、という語があるであろう。普通の法律家のPL法についての知識は、これらの用語とそれぞれの定義である。

この図の下段は、技術者がPL法を読んだときにイメージされる製造工程である。法律家と技術者とでは、上段と下段の違いがある。科学技術の素養をもつ者には、このようなイメージがあるから、本書第3章に示したように、品質管理技術の通常の知識から、「テレビから発火すること」を、二条二項のA「製造物の特性」に対応させる発想が生まれる。製造工程で品質管理を怠れば欠陥のある製品が出ることを、技術者はよく知っている。法律家は人の「注意」義務をいう。技術者はそこで、人の「注意」の一部を科学技術的な方法で置き換えたのが品質管理であることに気がつき、過失と欠陥の相関関係が導かれる。

従来の不法行為法学は、企業による大量生産の製造物を取り上げながら、企業を古典的な自然人を見るような目でしか見ていない。本書では品質管理技術について説明したが、製造物が引き渡されるまでのプロセスを観察すると、いたるところに多様な方法で、状況認識・結果回避の注意が用いられている。科学技術の発達が、人の注意能力を科学技術があみだすさまざまな方法で置き換えているのに、不法行為の法学はそのことに気づいていない。現代の製造業とその活動をとらえる視力を欠くのである。

まとめ

本章で、ＰＬ法ないし不法行為法における法とモラルの関係、判例と判例法の重要性、この領域の法学が鎖国から開国へ向かうべきこと、そして科学技術との関係を強調した。これらのことを視野に入れれば、不法行為法の教科書のページ数は変わらないで、内容がかなり変わるはずである。

この領域の法学にとってグローバル化時代とは、閉鎖空間から社会へ出て、生きている人間に目を向け、国際社会に目を向け、科学技術など文化の他の分野に目を向ける時代だといえるのではないだろうか。

あとがき

私は最初、工学部に学び、社会経験をへて法学部に学んだから、この二種類の学部での教育に目が行く。

日本の技術者は、法律家（法学者を含む）による解説でＰＬ法を学習した。その効果がどうだったかは、本文に述べたとおり、納得のいくような学習にはならなかった。

それにつけて思うのだが、昭和二四年（一九四九年）に新制大学ができて、四年制の前半に一般教養課程が置かれた。私の場合、工学部長発行の学業成績証明書を見ると、一般教育科目という欄の合格科目数のところに、「社会科学　四科目」とある。いずれも当時の法文学部の教授たちによるもので、このうちの二科目が法律科目だった。工学生にとっては、その法学教授による授業が、同じような性格ではなかったかと思うのである。

法律のことは法学部の専門だから、工学部でも法律科目は法学部の先生にお願いしましょう、というのは一見、説得力がありそうで、それでそのようなことが行なわれたのだろうが、二つの学部での学習を経験してみると、その辺の問題点がわかってくる。

法学部の学生と工学部の学生とでは、興味の対象に違いがあり、法律科目への接し方に違いがある。

法律の全体は、画一的なものではなくて、さまざまなとらえ方がありうる。法学生の興味は、典型的には、司法試験に出る科目で合格点をとることであるのに対して、工学生は、そうではない。

法学部で行なわれているのは、司法試験の科目一覧に示されるように、法体系の別による完全なタコツボ型の専門分科であり、社会における他の要素との連関などは一切考慮されない。そのようなタイプのものをそのまま工学教育に持ち込まれても困るのである。工学生のほとんどは、卒業すると企業や機関に勤務して科学技術に携わり、かつ普通の市民として生活しながら、法と接触することになる。そうであれば、それに適した法学教育があるべきだろう。法学部の先生方は、工学生の行く末を思いやる立場にはない。工学生向きのカリキュラムを組み、実行するのは、工学教育に責任をもつ人々でなければならない。

そのことを、例を用いてもう少し具体的にいうと、こうである。

本書で、PL法と行政庁との関係について考察した（第1章参照）。その知識の素材は、名古屋大学法学部での学習で得たものである。在学中、私は会社法を中心に学習したのだが、会社法の講義・演習（北沢正啓教授ほか）だけでなく、行政法の三科目（室井 力教授、市橋克哉助教授＝当時）、税財政法（福家俊朗教授）、さらには消費者保護法（集中講義、加賀山 茂講師＝当時）などを学んだ。

ここの法学部は、全科目が選択制だった。そこで、なぜ、会社法と直接に関係のないそれらの科目を選んだかというと、私には、それまでの社会経験から、現代の会社の活動には行政、租税、消費者問題などが深く関わっているという意識があった。その経験と意識とをたよりに、自分の学習目的のためのカリキュラムを自分で編成し、さらに、それらの個々の科目でばらばらに学んだことを、自分で統合して自分のものにした。

司法試験向けの定型的知識を身につける学習は、予備校を必要とするほど困難なことのようだが、本文で述べたように、法律や法学は本来、大学へ入るほどの知力のある学生なら難しいものではない。要点は、目的にそったカリキュラムによる統合のある学習、という学び方にある。法学部には司法試験の準備を除くとそのようなものはないので、私は自分でやったのだが、高校から上がった工学生の場合、法律についてそれだけの力はないから、教育をになう側がそのような準備をする必要がある。学部四年間の修学に費やされる資源が、いかに貴重なものであるかを考えると、そのための労を惜しんではならない。

以上、工学生の法学教育について述べた。他方、法学生の科学技術教育はどうだろうか。数学や理科が嫌いだからそういう科目を避けた人が、法学部へ進むのはいいが、法律家の職業につくには、それでいいだろうか。科学技術が人間生活のあらゆる面にかかわっている現代、科学技術が関係することについて見る目をもたないでは、法律家としてどうだろうか。法律家の教育に、いずれそのような着眼が出てくるに違いない。

本書で述べたことは、つきつめれば、ＰＬ法や法律に取り組むについての、人間的、社会的、国際的な、総合性のある見方の重要性の強調である。

法学部を卒業してから、私は早稲田大学法学部の奥島孝康教授のところに寄留させていただき、そのときの著作、『株主間契約』(成文堂　一九九一年)のことは本文に記した。

そのころ、奥島研究室でもう一つ、アメリカのロー・スクールで使われている会社法のテキストの読解が始まった。原書約八百頁の用語を、日立製作所の英日翻訳支援システム「たちまち翻訳」を利用して、そのシステム上の法律専門辞書に登録するのである。ごまかしのきかないコンピュータ利用の作業によって学ぶことになったのは、アメリカ法における英語と日本語の対応、さらに、アメリカの会社法を支える思想である。やがて、アメリカ法についての日本の従来の理解が、それほど深くはないことがわかってきた。この関係のことは、『法律の翻訳』(勁草書房　一九九七年)に述べてある。(本書でEC指令のpresentationという語を扱ったのは、その延長上のことである。)

その後、アメリカのPL法、さらにアメリカの科学技術者の倫理へと進むのだが、驚いたことに、会社法の読解で知った用語や思想が、そのまま見いだされる。アメリカでは、会社法もPL法も技術者の倫理も、共通の思想に立っていて、普通の英語で、共通の用語によって語られる、という発見だった。そこには人間生活を中心とする統合があるといえば、人間社会の学問として当然のことだが、日本の不法行為法などの法学がそれをやるのは大変である。しかしながら、日本が西洋法を継受して百年たち、第三の開国のいま、それが課題ではないだろうか。

本書には判例を用い、企業や関係者が実名で登場する。かつては、製造物責任などの事件で被告になり記録に残るのは不名誉なこととして、できるだけ隠そうとしたかのようである。製造物の欠陥は、たしかにあってはならないことだが、人間は過ちをするものであり、また科学技術の発展の過程ではつねに未知がありうる。事件が起きて、判決がなされ、月日がたつと、それらの判例はわれわれの社会の共通の資産として、将来のわたる人間生活の改善に寄与することになる。その趣旨で、それぞれの立場にあった方々の心情を思いやりながら、判例を利用させていただいたものである。

本書を書き始めたのは、地人書館編集部の永山幸男氏のおすすめによる。ちょうど、このような内容のものを書くつもりになっていたところだった。原稿を、「最初の読者」を自称して読んでくださり、いろいろ助言をいただいた。同氏は、一方において、バランスのとれた感覚の一市民であり、他方において、理系の学部で教育を受けた科学技術の素養の持ち主だから、この本は、適切な「最初の読者」を得て上梓されることになった。ここに記して、心からお礼申し上げたい。

著者

製造物責任法

平成六年七月一日公布　法律第八五号
平成七年七月一日施行

（目的）

第一条　この法律は、製造物の欠陥により人の生命、身体又は財産に係る被害が生じた場合における製造業者等の損害賠償の責任について定めることにより、被害者の保護を図り、もって国民生活の安定向上と国民経済の健全な発展に寄与することを目的とする。

（定義）

第二条①　この法律において「製造物」とは、製造又は加工された動産をいう。

②　この法律において「欠陥」とは、当該製造物の特性、その通常予見される使用形態、その製造業者等が当該製造物を引き渡した時期その他の当該製造物に係る事情を考慮して、当該製造物が通常有すべき安全性を欠いていることをいう。

③　この法律において「製造業者等」とは、次のいずれかに該当する者をいう。

本書との関係

本法の焦点が、大量生産、大量消費の製造物の欠陥による被害にあることを示唆する（六頁、六七頁、八九頁）。

「製造物」から除外されるものについての従来の解釈には、現代の製造物を考慮すると疑問がある（七二頁）。

「欠陥」の定義を、本書では、読みやすいように分かち書きしたうえで、科学技術の観点から、大量生産の品質管理技術を考慮して解釈した（八三頁）。

「製造業者等」は、自然人を対象としてきた従来の不法行為法学ではとらえられない。製造業の実態を観察する必要がある（九二頁）。

一　当該製造物を業として製造、加工又は輸入した者（以下単に「製造業者」という。）

二　自ら当該製造物の製造業者として当該製造物にその氏名、商号、商標その他の表示（以下「氏名等の表示」という。）をした者又は当該製造物にその製造業者と誤認させるような氏名等の表示をした者

三　前号に掲げる者のほか、当該製造物の製造、加工、輸入又は販売に係る形態その他の事情から見て、当該製造物にその実質的な製造業者と認めることができる氏名等の表示をした者

（製造物責任）

第三条　製造業者等は、その製造、加工、輸入又は前条第三項第二号若しくは第三号の氏名等の表示をした製造物であって、その引き渡したものの欠陥により他人の生命、身体又は財産を侵害したときは、これによって生じた損害を賠償する責めに任ずる。ただし、その損害が当該製造物についてのみ生じたときは、この限りでない。

（免責事由）

第四条　前条の場合において、製造業者等は、次の各号に掲げる事

この三つのカテゴリーは、よく読めばわかるので、本書では取り上げなかった。

製造業者は、氏名等の表示をしていなくても、本法による責任を負う（第一号）。第二、第三号は、実際には製造業者でなくても、氏名等の表示をした者である。

氏名等の表示がなく、しかも製造業者を特定できない場合の、供給者の責任については、規定がない。

本法の中心的な規定である。「その製造、加工、輸入又は前条第三項第二号若しくは第三号の氏名等の表示をした」を除いて読むと、不法行為法（民法七〇九条）と同じ構造の規定であることがわかる（八頁）。

ただし書きは、本法が拡大損害を対象とする趣旨である（一三頁）。

項を証明したときは、同条に規定する賠償の責めに任じない。

一　当該製造物をその製造業者等が引き渡した時における科学又は技術に関する知見によっては、当該製造物にその欠陥があることを認識することができなかったこと。

二　当該製造物が他の製造物の部品又は原材料として使用された場合において、その欠陥が専ら当該他の製造物の製造業者が行った設計に関する指示に従ったことにより生じ、かつ、その欠陥が生じたことにつき過失がないこと。

（期間の制限）

第五条①　第三条に規定する損害賠償の請求権は、被害者又はその法定代理人が損害及び賠償義務者を知った時から三年間行わないときは、時効によって消滅する。その製造業者等が当該製造物を引き渡した時から十年を経過したときも、同様とする。

②　前項後段の期間は、身体に蓄積した場合に人の健康を害することとなる物質による損害又は一定の潜伏期間が経過した後に症状が現れる損害については、その損害が生じた時から起算する。

第一号は、科学技術に関する免責を規定している。その「知見」の基準の解釈には、科学技術の知識の性格を考慮する必要がある（一二六頁）。

第二号は、部品・原材料に関する免責を規定している。読めばわかるので、本書では取り上げていない。

とくに問題がないので、本書ではふれていない。

第一項後段の「十年」は、除斥期間といわれる。時効と異なり、中断がなく、この期間を過ぎると請求できなくなる。

（民法の適用）

第六条　製造物の欠陥による製造業者等の損害賠償の責任については、この法律の規定によるほか、民法（明治二九年法律第八九号）の規定による。

付　則

（施行期日等）

一　この法律は、公布の日から起算して一年を経過した日から施行し、この法律の施行後にその製造業者等が引き渡した製造物について適用する。

（原子力損害の賠償に関する法律の一部改正）

二　原子力損害の賠償に関する法律（昭和三六年法律第一四七号）の一部を次のように改正する。

第四条第三項中「及び船舶の所有者等の責任の制限に関する法律（昭和五〇年法律第九四号）」を「、船舶の所有者等の責任の制限に関する法律（昭和五〇年法律第九四号）及び製造物責任法（平成六年法律第八五号）」に改める。

以　上

本法が、民法のなかの不法行為法（民法七〇九条以下）の、特別法であることが（六一頁）、この規定に示されている。本書では、民法の一般条項（民法一条二項、同三項、九〇条）との関係を示し（六二頁）、また過失相殺（民法七二二条二項）との関係を取り上げた（一四二頁）。

本法は、この規定により平成七年七月一日から施行されている。

原子炉の運転等により原子力損害が生じた場合の損害賠償については、「原子力損害の賠償に関する法律」が適用される。その場合、被害者は「損害」を立証すれば足りる。つまり、不法行為法における「過失」、あるいは製造物責任法における「欠陥」の立証を要しない。

第4章

1) 森島昭夫『不法行為法講義』(有斐閣 1987)。

2) 法務大臣官房司法法制調査部 監修『法典調査会 民法議事速記録 五』日本近代立法資料叢書 5(商事法務研究会 1984)294頁以下。

3) 福島正夫 編『穂積陳重立法関係文書の研究』日本立法資料全集 別巻1(信山社出版 1989)。

4) 法務大臣官房司法法制調査部 監修『法典調査会 民法主査会議事速記録』日本近代立法資料叢書 13(商事法務研究会 1988)460頁。

5) 大久保泰甫「西洋法継受における翻訳と造語」、法学セミナー、No.371、p.70(1985)。

6)『大日本人名辭書』(講談社 1974)。

7) 穂積陳重『法窓夜話』(岩波文庫)、福島正夫「解説」。

8) 東川徳治『博士 梅謙次郎』(鳳出版 1917初版、1985年再版)。

9) 穂積、前出325頁。

10) 成田栄造「民法の足跡『和解論』百歳」、日本経済新聞、1988年2月15日32面。

11) 前出『法典調査会 民法議事速記録 五』296頁。

12) 福島、前出41頁。

13) 我妻 栄『事務管理・不当利得・不法行為』新法学全集(日本評論社 初版1937年、復刻版1989年)。

14) 加藤一郎『不法行為(増補版)』法律学全集(有斐閣 1974年)。

15)『民法修正案理由書 第一〜第三編』(八尾新助 1898)。

16) 前出『法典調査会 民法主査会議事速記録』。

17) 加藤一郎、前出135頁。

第5章

1) 柳田幸三「新民事訴訟法について」、ジュリスト、1098号17頁(1996)。

2) 我妻 栄『事務管理・不当利得・不法行為』新法学全集(日本評論社 初版1937年、復刻版1989年)100頁。

3) ヴィノグラドフ著(末延三次、伊藤正己 訳)『法における常識』(岩波文庫 1972)52頁。

4) 我妻、前出123頁。

5) 朝日新聞、1999年3月12日25面、シンポジウム「カルテ開示をめぐって」。

6) Harrisほか著(日本技術士会 訳編)『科学技術者の倫理』(丸善 1998)。

7) 丸山真男「法学部三教授批評」丸山真男集 第一巻(岩波書店 1996年)35頁。初出は東大春秋、第四巻一号(1937年)。

8) 西部 邁『経済倫理学序説』(中公文庫 1991)40頁。

9) 朝日新聞、1998年6月18日34面「見えない汚染ダイオキシン①」。

10) Harrisほか、前出443頁。

11) 朝日新聞、1998年11月24日4面「カネミ油症30年 年内にも法的決着」、なお同、1996年10月29日25面「仮執行金など43億円 返還調停/国側が譲歩し成立」。

12) 朝日新聞、1999年8月3日4面、安田朋起「リサイクル油にＰＣＢ混入/カネミ油症事件と類似/防止へ管理徹底が必要」。

10）　加藤一郎『不法行為(増補版)』法律学全集(有斐閣 1974年)6頁。
11）　杉本・湖上、前出190頁。
12）　大阪地判平成6年3月29日、判例時報、1493号29頁(1994)。
13）　日本経済新聞、1994年3月30日39面「消費者保護 明確に／欠陥テレビ訴訟」。
14）　大阪地判平成9年9月18日、判例タイムズ、992号166頁(1999)。
15）　朝日新聞、1998年10月7日30面「支払い6500万円／シャープ和解」。
16）　上原敏夫「下級審時の判例／テレビの発火による火災につきメーカーの製造物責任を認めた事例」、ジュリスト、1048号81頁(1994)。
17）　升田、前出468頁。
18）　杉本・湖上、前出278頁。
19）　日本弁護士連合会、前出『実践PL法』5頁。
20）　加藤雅信 編著『製造物責任法総覧』(商事法務研究会 1994)9頁。
21）　升田、前出337頁。
22）　経済企画庁、前出『逐条解説 製造物責任法』140頁。
23）　鈴木竹雄『手形法・小切手法』法律学全集(有斐閣 1957)82頁。
24）　北沢正啓『会社法(新版)』(青林書院 1985)53頁。
25）　杉本泰治『法律の翻訳』「序」(勁草書房 1997年)。
26）　司法省調査課「1912年第2回 海牙万国手形法統一会議 議事録」序文、司法資料200号(1935)。
27）　Société des Nations, Recueil des Traités / League of Nations, Treaty Series,Vol.CXLIII(1933-1934)No.1,2,3 & 4.
28）　田中英夫『英米法と日本法』(東大出版会　1988)32頁。
29）　経済企画庁、前出『逐条解説 製造物責任法』65頁。
30）　升田、前出425頁、427頁。
31）　通産省産業政策局消費経済課編『製造物責任法の解説』(通商産業調査会 1994年)2頁.
32）　国民生活審議会 消費者政策部会「総合的な消費者被害防止・救済の在り方について」(1992年10月)、加藤雅信・前出『製造物責任法総覧』p.1031.
33）　加藤一郎、前出5頁。
34）　橋口繁一『品質管理』(岩波全書 1979、初版は1955年) 10頁。
35）　鈴木義一郎『統計解析法の原理』現代人の統計1(朝倉書店 1987)76頁。
36）　橋口、前出157頁。
37）　升田、前出882頁。
38）　升田、前出895頁。
39）　杉本・湖上、前出217頁。
40）　升田、前出897頁。
41）　杉本泰治『株式会社生態の法的考察』(勁草書房 1988)12頁。
42）　澤田善次郎　編著『JIS工場のISO 9000ガイド』(日本規格協会 1998)30頁。
43）　升田、前出420頁。

術者とをつなぐ』(勁草書房 1996)。
3) 杉本泰治「『製造物責任法』著作のその後」、技術士、1997年9月号2頁。
4) 朝日新聞、1992年10月20日9面「産業界 抵抗の壁厚く/製造物責任法 先送り」。
5) 加藤、前出9頁。
6) 加藤、前出(小林秀之・藪口康夫執筆)279頁。
7) 林田 学「企業寄り批判/論拠は不十分」、日本経済新聞、1994年5月26日31面。
8) 加藤、前出643頁。
9) 刑事一審判決、福岡地裁小倉支部昭和53年3月24日, 判例時報885号17頁.
10) 小倉第2陣一審判決、福岡地裁小倉支部昭和57年3月29日, 判例時報1037号17頁.
11) 小倉第2陣控訴審判決、福岡高裁昭和61年5月15日, 判例時報1191号28頁.
12) 経済企画庁国民生活局消費行政第一課ほか「製造物責任法の解説」、技術士、1994年10月号6頁。
13) 経済企画庁国民生活局消費者行政第一課 編『逐条解説 製造物責任法』(商事法務研究会 1994)。
14) 通商産業省産業政策局消費経済課 編『製造物責任法の解説』(通商産業調査会 1994)。
15) 升田 純『詳解 製造物責任法』(商事法務研究会 1997年)。
16) 橋本英史「製造物責任法における欠陥の要件事実とその立証」、判例時報、1553号7頁、1554号3頁 (1999)。
17) 経済企画庁、前出『逐条解説 製造物責任法』8頁ほか。
18) 升田、前出9頁、10頁ほか。
19) 朝日新聞、1978年3月25日、社説「『カネミ油症』と刑事責任」。

第3章

1) 杉本泰治・湖上國雄 (加藤雅信監修)『製造物責任法——法律家と技術者とをつなぐ』(勁草書房 1996) 192頁。
2) 杉本泰治「製造物責任法の枠組み——法律と技術のかかわり」、同、60巻3号184頁(1996)。
3) 同「PL法上の製造物の欠陥について——『法と科学技術』事始め」、同、61巻12号954頁(1997)。
4) de Nevers, N.(杉本泰治訳)「事故訴訟における専門家証人としての化学技術者」、ロー&テクノロジー、1巻6号54頁(1990)。
5) 杉本・湖上、前出172頁。
6) 経済企画庁国民生活局消費者行政第一課 編『逐条解説 製造物責任法』(商事法務研究会 1994)68頁。
7) 升田 純『詳解 製造物責任法』(商事法務研究会 1997年) 338頁。
8) 日本弁護士連合会消費者問題対策委員会『実践PL法』(有斐閣 1995) 28頁。
9) 武内郁淑「生産部門とケミカルエンジニアの役割——生産部門の企業における役割」、化学工学、63巻5号237頁(1999)。

文　献

第１章

1)　朝日新聞、1996年7月1日13面「PL法１年、高まる意識　相談数が倍増／和解を後押し」。

2)　林田　学『ＰＬ法新時代』(中公新書 1995)91頁。

3)　新堂幸司『民事訴訟法』（筑摩書房 1985年）338頁、341頁、348頁。

4)　朝日新聞、1993年12月4日11面、「PL制度導入／生活審答申へ」。

5)　読売新聞、1995年6月30日9面、「ＰＬ法とくらし①施行前夜」。

6) 江藤　勝「PL法で消費者に意識変化／訴訟少ないが苦情急増」、朝日新聞（夕刊）、1996年6月15日8面

7)　日本経済新聞、1996年7月1日31面「ＰＬ法施行、きょう丸１年」。

8)　読売新聞、1996年7月2日9面「ＰＬ法施行から１年／各業界にＰＬセンター」。

9)　室井 力『新版 現代行政法入門(1)』（法律文化社 1985）23頁。

10)　東京都消費生活総合センター、今月の消費者相談、10年6月号別冊(1998)。

11)　東京都消費生活総合センター調べ。

12)　総合研究開発機構「裁判外紛争処理機関のあり方に関する研究」、NIRA研究報告書No.930033、14頁(1994)。

13)　林田、前出25頁。

14)　藤倉皓一郎「法に頼る社会」東京大学公開講座『アメリカと日本』(東京大学出版会 1994)78頁、83頁、92頁。

15)　渡辺洋三『法律学への旅立ち』(岩波書店 1990)178頁。

16)　朝日新聞、1995年4月19日2面「製品の欠陥、有無を調査／公的機関も利用可能」。

17)　同、1995年5月16日11面「ＰＬ法の施行控え／検査機関をネットワーク化」。

18)　同、1995年6月28日19面「公的機関、体制これから／職員少なくテスト不十分」。

19)　杉本・湖上(加藤雅信監修)『製造物責任法――法律家と技術者とをつなぐ』(勁草書房 1996)290頁。

20)　de Nevers, N.(杉本泰治訳)「事故訴訟における専門家証人としての化学技術者」、ロー＆テクノロジー、1巻6号54頁(1990)。

21)　林 洋「工学鑑定研究会の発足について」、技術士、374号9頁(1998)。

22) 梅田昌郎「技術士がアジア太平洋地域の資格となる年」，技術士，375号1頁(1999).

23) 高城重厚「APECにおけるエンジニア資格の動き」，Engineering，80号22頁(1998).

第２章

1)　加藤雅信編著『製造物責任法総覧』(商事法務研究会 1994)。

2)　杉本泰治・湖上國雄（加藤雅信 監修）『製造物責任法――法律家と技

マ

ミ

ム

メ

モ

ソ

タ

キ

ク

索 引

日本のPL法を考える
市民と科学技術の目で見た製造物責任法

2000年 2月10日　初版第1刷

著　者　杉本泰治
発行者　上條　宰
発行所　株式会社 **地人書館**
162-0835 東京都新宿区中町15
電話：03-3235-4422　FAX：03-3235-8984
e-mail：KYY02177@nifty.ne.jp
URL：http://www.chijinshokan.co.jp
郵便振替口座：00160-6-1532番
印刷所　平河工業社
製本所　イマヰ製本

ISBN4-8052-0644-6 C0032

地人書館既刊図書案内

森の敵 森の味方　片桐一正

昆虫のウイルス病の研究者である著者が、微生物天敵を用いた森林昆虫の生物防除・総合防除の成功例を示すとともに今後の森林の維持管理法、森林保護の方向性を探求する。　本体二〇〇〇円

森林 日本文化としての　菅原聰編

「文化的創造物」としての視点で選んだ一三か所の日本の森林を、その生態・歴史・役割・土地の人々とのかかわりなど様々な角度から眺め、新しい森林文化論の構築を試みる。　本体三〇〇〇円

サクラソウの目　鷲谷いづみ

絶滅危惧植物であるサクラソウを主人公に、野草の暮らしぶりや花の適応進化、虫や鳥とのつながりを生き生きと描き出し、野の花と人間社会の共存の方法を探っていく。　本体二〇〇〇円

オゾン・クライシス　シャロン・ローン

人工の化学物質フロンによって、オゾン層が危機にさらされていることを理解させ、これを保護する行動を起こさせるのになぜ一五年もかかってしまったのだろうか。加藤珪他訳。本体二七一八円

地球が熱くなる　ジョン・グリビン

現在の平均気温は一〇〇年前に比べると〇・五度ほど高くなっている。この傾向が続くと、二一世紀には深刻な問題が生じるだろう。これに対処する方法はあるのか。山越幸江訳。本体三〇〇〇円

最後の絶滅　L.カウフマン 他編

なぜ野生生物が絶滅するのか、どうしたら防げるのか、なぜ絶滅を食い止めなければならないのか、人工繁殖にどんな意味があるのか、グローバルな視点から考える。宋貞淑訳。　本体二四二七円

本体価格は税別価格です．お買い求めの際には消費税が加算されます．

地人書館既刊図書案内

帰ってきたカワセミ　矢野亮

都心に残された小さな森、自然教育園（東京都港区）に毎年のようにやってくる都会派カワセミのしたたかな生態・行動を八年間追い続けた著者の感動と発見の記録。　本体一八〇〇円

ぼくらの自然観察会　植原彰

「何か一工夫」をモットーに参加者と自然の素晴らしさを発見していく「自然観察会」を精力的に実施している著者による、自然の中で知的に遊ぶためのすぐに役立つノウハウ。　本体一五〇〇円

学校で自然かんさつ　植原彰

学校で自然観察を進める著者が、実践の様子、観察の仕方の工夫、採集・飼育の考え方、校庭改造の指針を示す。その必要性を感じている教師への「まず行動する」ための本。　本体一六五〇円

いちにの山歩　小野木三郎

年齢も職業も様々な仲間が、ふるさとの山や北アルプスを歩き、互いに啓発し合って成長していく姿をメインに、日本の山の素晴らしさなどをユーモアを交えて語る。　本体一六〇〇円

大都会を生きる野鳥たち　川内博

街なかに誕生した「都市鳥」の生態や行動には、その地域の環境要素が具現化されているだけでなく、「社会を映す鏡」としてヒトの心や社会の動きまでもが反映されている。　本体二〇〇〇円

ゴリラの森の歩き方　三谷雅純

「ンドキの森」は無人の森である。人は誰もあえてンドキ川を越えようとはしなかった。この「ンドキ」が、その森と森に棲む動物たちをあるがままの姿に保存したのだった。　本体二二〇〇円

本体価格は税別価格です．お買い求めの際には消費税が加算されます．